명한 AI 01

신영근 지음

싱크 스마트



# AI로 나만의 비서 만들기

Gmail, Gemini, 텔레그램을 활용한 업무 자동화

더 현명한 AI

<더 현명한 AI 시리즈>는 AI를 '빠르고 효율적인 기계'가 아니라 '삶을 더 깊이 이해하고, 선택을 돕는 파트너'로 바라보며 AI를 통해 '더 빠르게'가 아니라 '더 나은 방향으로' 나아가는 길을 안내합니다. 단순히 기술을 배우는 데서 멈추지 않고, AI 시대를 살아가는 태도와 지혜를 함께 나누며 성장하도록 돕겠습니다.

Gmail, Gemini, 텔레그램을 활용한 업무 자동화

# AI로 나만의 비서 만들기

초판1쇄 발행
2026년 1월 20일

지은이
신영근

펴낸이
김태영

펴낸곳
씽크스마트 책짓는 집

주소
경기도 고양시 덕양구
청초로 66
덕은리버워크 B-1403호

전화
02-323-5609

출판사 등록번호
제395-313000025
1002001000106호

ISBN
978-89-6529-490-0
(13560)

정가
16,700원



이 책을 만든 사람들

책임편집
김무영

편집
신재혁

홈페이지
www.tsbook.co.kr
인스타그램
@thinksmart.official
이메일
thinksmart@kakao.com

* **씽크스마트** 더 큰 생각으로 통하는 길

'더 큰 생각으로 통하는 길' 위에서 삶의 지혜를 모아 '인문교양, 자기계발, 자녀교육, 어린이 교양 · 학습, 정치사회, 취미생활' 등 다양한 분야의 도서를 출간합니다. 바람직한 교육관을 세우고 나다움의 힘을 기르며, 세상에서 소외된 부분을 바라봅니다. 첫 원고부터 책의 완성까지 늘 시대를 읽는 기획으로 책을 만들어, 넓고 깊은 생각으로 세상을 살아갈 수 있는 힘을 드리고자 합니다.

* **도서출판 큐** 더 쓸모 있는 책을 만난다

도서출판 큐는 울퉁불퉁한 현실에서 만나는 다양한 질문과 고민에 답하고자 만든 실용교양 임프린트입니다. 새로운 작가와 독자를 개척하며, 변화하는 세상 속에서 책의 쓸모를 키워갑니다. 홍겹게 춤추듯 시대의 변화에 맞는 '더 쓸모 있는 책'을 만들겠습니다.

자신만의 생각이나 이야기를 펼치고 싶은 당신. 책으로 사람들에게 전하고 싶은 아이디어나 원고를 메일(thinksmart@kakao.com)로 보내주세요. 씽크스마트는 당신의 소중한 원고를 기다리고 있습니다.

## 신영근

효율을 먼저 고민하는 사람.
같은 일을 두 번 하는 걸 싫어하고,
'이걸 더 쉽고, 더 빠르고, 반복 가능하게 만들 수는 없을까?'를 늘 생각한다.
컴퓨터는 목적이 아니라 문제를 해결하는 도구라고 믿는다.

### 일

컴퓨터 시험 감독관으로 시스템과 규칙의 흐름을 이해하고 있다.
엑셀·OA 프로그램·업무 자동화 도구를 활용해 반복되는 일을 줄이고,
누구나 따라 할 수 있는 작업 구조를 만드는 데 관심이 많다.
잘하는 사람만 빨라지는 방식이 아니라
'누구나 쉽게 반복할 수 있는 방법'을 고민하며 일해왔다.
이 책은 기술 자랑이 아니다.
컴퓨터가 어려운 사람이 조금은 편해질 수 있도록,
일이 많은 사람이 조금은 숨을 돌릴 수 있도록 쓰였다.

### 강의

OA(오피스 자동화)와 컴퓨터 활용을 중심으로 강의하고 있다.
강의 경험을 바탕으로 비전공자도 이해할 수 있는 설명,
현장에서 바로 써먹을 수 있는 예제를 중요하게 여긴다.
단순한 기능 설명보다 '언제, 왜 써야 하는지',
'쓰면 얼마나 일이 줄어드는지'를 알려주는 강의를 지향한다.

### N잡러

한 가지 일에만 머무르기보다 여러 역할을 오가며 살아가는 방식이 자연스럽다.
보험, 복지 현장, 교육, 시험 운영까지
각기 다른 일을 하며 공통적으로 느낀 건 하나였다.
'일의 본질은 결국 시간과 에너지 관리'라는 것.
그래서 지금도 일을 더 단순하게 만드는 방법을 계속 실험 중이다.

### 비전

앞으로 기술은 점점 복잡해지지만
사람의 일은 더 단순해질 수 있다고 믿는다.
앞으로도 쉽고, 빠르고, 반복 가능한 일의 구조를 만드는 방법을
현장 경험을 바탕으로 계속 기록해 나갈 예정이다.

이메일 mrson09@gmail.com
인스타그램 @young_geun_shin

머리말

# 당신의 시간은 소중합니다

"받은 편지함(Inbox)의 노예"가 되어버린 당신에게.

매일 아침, 커피 한 잔의 여유를 즐기기도 전에 스마트폰 알림이 먼저 우리를 재촉합니다. 밤사이 쌓인 수십 통의 이메일들. 어떤 것은 시급한 업무 요청이고, 어떤 것은 그저 광고이며, 또 어떤 것은 어제 나눈 대화의 끝자락입니다. 우리는 이 디지털 더미 속에서 중요한 것을 놓치지 않으려는 본능적인 불안감에 사로잡혀, 하루의 가장 소중한 에너지와 집중력을 '분류'와 '확인'이라는 반복 작업에 소모하고 맙니다.

혹시 이런 날이 익숙하지 않으신가요? 정작 중요한 기획안을 작성해야 할 시간에는 끊임없이 울리는 메일 알림에 집중력이 흩어지고, 창의적인 아이디어를 떠올려야 할 오후에는 끝없는 회신 요청에 지쳐버린 자신을 발견하는 모습. 우리는 어느새 스스로의 업무를 주도하는 '주인'이 아닌, 쏟아지는 요청에 반응하기 급급한 '처리자'가 되어가고 있습니다.

이 책은 바로 그 굴레를 끊어내기 위한 당신의 첫 번째 무기이자, 가장 친절한 안내서입니다.

단순 반복적인 이메일 처리 업무를 구글의 강력한 인공지능 'Gemini'와 똑똑한 자동화 툴에 맡기고, 당신은 더 창의적이고 중요한 일, 당신의 가치를 가장 빛나게 할 수 있는 본질적인 업무에 집중할 수 있도록 돕는 것이 이 책의 유일한 목표입니다.

코딩 지식이 없어도 괜찮습니다. 복잡한 기술 용어에 겁먹을 필요도 없습니다. 이 책은 전문가를 위한 기술 서적이 아니라, 당신과 같은 보통의 직장인이, 학생이, 혹은 1인 사업가가 자신의 시간을 되찾기 위해 바로 따라 할 수 있는 실용적인 '레시피 북'입니다. 책 속의 흐름을 하나씩 따라 블록을 조립하듯 만들다 보면, 어느새 당신의 명령을 이해하고, 당신의 시간을 아껴주며, 당신의 업무를 돕는 똑똑한 'AI 이메일 비서'가 묵묵히 일하고 있을 것입니다.

이제, 당신의 가장 소중한 자산인 '시간'의 주도권을 되찾을 준비가 되셨나요?

CONTENTS

# Part 1. 준비
## 자동화의 첫걸음 내딛기

Chapter 1

# 왜 업무 자동화인가?

매일 아침 출근길, 혹시 이런 상상을 해본 적 있으신가요? 어제 확인했던 메일이 오늘 또 도착해 있고, 그 메일을 열어보고 비슷한 내용에 답장하며 하루의 귀한 시간을 낭비하는 모습. 우리는 알게 모르게 수많은 반복적인 업무에 갇혀 살아갑니다.

이제는 그 굴레에서 벗어날 때입니다. 이 챕터에서는 우리가 왜 반복 업무에서 해방되어야 하는지, 그리고 AI 자동화가 어떻게 우리의 업무 환경을 혁신할 수 있는지 명확하게 보여드릴 것입니다.

## 당신의 시간은 어디로 사라지고 있는가?: 반복 업무의 4가지 함정

우리는 반복 업무에 생각보다 많은 것을 빼앗기고 있습니다. 이는 단순히 시간을 잡아먹는 것 이상으로, 우리의 성장과 행복에 보이지 않는 족쇄를 채웁니다.

1. **소중한 시간의 낭비** 가장 명확한 문제입니다. 기계가 더 빠르고 정확하게 처리할 수 있는 일에 당신의 소중한 시간을 쓰고 있습니다. 그 시간은 더 창의적이고, 더 중요한 의사결정을 내리거나, 새로운 기회를 탐색하는 데 사용될 수 있습니다.
2. **생산성의 저하** 반복 업무는 필연적으로 지루함을 유발합니다. 지루함은 집중력을 떨어뜨리고, 이는 다시 실수로 이어질 가능성을 높입니다. 결국 같은 일을 더 오래, 더 많은 에너지를 들여 처리하게 되는 악순환에 빠집니다.
3. **보이지 않는 정신적 피로** 매일 똑같은 일을 반복하다 보면 업무에 대한 흥미를 잃기 쉽습니다. 창의적인 생각을 할 여유가 없어지고, 스트레스가 쌓여 번아웃(Burnout)으로 이어지기도 합니다. '나는 그저 기계처럼 일하고 있을 뿐인가?'라는 회의감에 빠질 수도 있습니다.
4. **진짜 '가치' 창출의 기회 상실** 당신의 가치는 단순 반복 업무를 처리하는 데 있는 것이 아닙니다. 복잡한 문제를 해결하고, 새로운 아이디어를 제안하며, 사람들과 소통하고 협업하는 데서 더 큰 가치를 창출할 수 있습니다. 반복 업무에 매몰되면 이러한 '진정한 가치'를 창출할 기회를 놓치게 됩니다.

## AI는 적이 아닌 동료: 새로운 업무 비서의 등장

인공지능(AI)은 더 이상 먼 미래의 기술이 아닙니다. 복잡한 코딩 지식이 없어도 누구나 활용할 수 있는 AI는 우리의 업무 환경을 혁명적으로 바꾸고 있습니다. AI는 우리의 일을 빼앗는 경쟁자가 아닌, 최고의 효율을 이끌어내는 파트너이자 개인 비서가 될 것입니다.

- 나만의 맞춤 비서: AI는 당신의 업무 패턴을 학습하여 이메일 분류, 일정 관리, 문서 요약 등 귀찮은 작업들을 알아서 처리합니다.
- 스마트한 의사결정 지원: 방대한 데이터를 순식간에 분석하고 숨겨진 인사이트를 찾아내어, 당신이 더 정확하고 빠른 결정을 내리도록 돕습니다.
- 창의성과 협업 시간 확보: 지루한 작업은 AI에게 맡기고, 당신은 동료들과 협업하며 창의적인 아이디어를 구상하는 데 더 많은 시간을 쓸 수 있습니다.
- 실수 없는 24시간 근무: AI는 지치지 않고, 인간이 저지를 수 있는 실수를 줄여줍니다. 이를 통해 업무 처리 속도와 생산성은 비약적으로 향상됩니다.

이 책에서 우리가 함께 만들 'AI 이메일 비서'는 이러한 변화의 시작을 알리는 훌륭한 첫걸음입니다.

## 한눈에 보는 비교: 나의 하루는 어떻게 달라질까?

말로 설명하는 것보다, 하나의 표로 보는 것이 훨씬 명확합니다.

당신의 이메일 처리 방식이 AI 비서 도입 전후로 어떻게 극적으로 바뀌는지 확인해 보세요.

| 구분 항목 | 기존 방식 (수동 처리) | 자동화 방식 (AI 비서) |
|---|---|---|
| 시작 | 내가 직접 받은 편지함 확인 | 새 메일 수신 시 즉시 자동 시작 |
| 내용 파악 | 모든 메일을 일일이 열어 읽음 | AI가 1초 만에 분석 및 요약 |
| 처리 속도 | 메일 1개당 수십 초 ~ 수 분 | 초 단위로 수백 개 동시 처리 |
| 정확도 | 피로, 부주의로 인한 실수 발생 | 정해진 규칙에 따라 99.9% 정확 |
| 중요 메일 | 다른 업무에 묻혀 누락될 위험 | 요약본을 텔레그램으로 즉시 알림 |
| 나의 역할 | 이메일 처리 기계 | 중요한 의사결정자 |
| 결과 | 시간 낭비, 스트레스 증가 | 핵심 업무 집중, 워라밸 향상 |

이제 왜 자동화가 필요한지, 그리고 그것이 당신의 삶을 어떻게 바꿀 수 있는지 확실히 알게 되셨을 겁니다. 당신의 하루를 극적으로 변화시킬 이 놀라운 자동화 시스템은 몇 가지 핵심적인 '도구'들의 조합으로 만들어집니다.

다음 챕터에서는 이 모든 것을 가능하게 만드는 마법 같은 도구들—API, JSON, 그리고 자동화 플랫폼에 대해 하나씩 알아보겠습니다.

Chapter 2

# 자동화 시스템의 핵심 요소들

훌륭한 요리사가 되려면 최고의 레시피뿐만 아니라, 각 재료의 특징과 도구의 사용법을 정확히 알아야 합니다. 우리가 만들 'AI 이메일 비서'라는 요리도 마찬가지입니다. 이번 챕터에서는 우리만의 자동화 시스템을 구축하는 데 필요한 핵심 재료와 도구들을 하나씩 살펴보겠습니다. 조금은 낯선 용어가 등장할 수 있지만, 최대한 쉬운 비유로 설명해 드릴 테니 걱정 말고 따라오세요.

## 자동화 세계의 공용어: API와 JSON

서로 다른 나라 사람들이 만나 소통하려면 '영어'와 같은 공용어가 필요하듯, 서로 다른 소프트웨어(앱)들이 소통하기 위해서도 공용어가 필요합니다. API와 JSON이 바로 그 역할을 합니다.

## 1. API란 무엇인가?: 레스토랑의 웨이터처럼 작동하는 연결 통로

API(Application Programming Interface)는 '애플리케이션 프로그래밍 인터페이스'라는 어려운 말의 줄임말입니다. 하지만 그 역할은 아주 간단합니다. **레스토랑의 '웨이터'**를 떠올려 보세요.

여러분이 손님(하나의 앱, 예를 들어 자동화 툴)으로서 주방(다른 앱, 예를 들어 Gmail)에 있는 요리(데이터)를 먹고 싶다고 가정해 봅시다. 여러분이 직접 주방에 뛰어 들어가 요리법을 배우고 재료를 찾을 필요는 없습니다. 그저 메뉴판을 보고 웨이터(API)에게 "스테이크 하나 주세요"라고 주문하면 됩니다. 그러면 웨이터가 주방에 주문을 전달하고, 완성된 요리를 당신의 테이블로 가져다줍니다.

API는 이 웨이터처럼, 두 개의 다른 소프트웨어 사이에서 정해진 규칙에 따라 요청을 전달하고 결과를 가져다주는 '연결 통로' 역할을 합니다. 우리는 이 API 덕분에 복잡한 내부 구조를 몰라도 Gmail에게 "새 이메일 목록을 줘"라고 요청하거나, 텔레그램에게 "이 메시지를 보내줘"라고 시킬 수 있는 것입니다.

## 2. JSON이란 무엇인가?: 컴퓨터가 알아듣기 쉬운 정리된 메모

웨이터(API)가 주문한 요리를 가져다줄 때, 그냥 접시에 아무렇게나 음식을 던져주지 않습니다. 애피타이저, 메인 요리, 디저트가 순서대로 정갈하게 담겨 나옵니다. JSON(제이슨, JavaScript Object Notation)이 바로 이렇게 **잘 정리된 '주문서' 또는 '메모'**와 같습니다.

AI에게 이메일 분석을 요청했을 때, AI가 "이건 중요하고 회의 내용은 오후 3시이며 보낸 사람은 김대리입니다" 와 같이 두서없이 말해주면 컴퓨터가 알아듣기 힘듭니다. 대신 아래와 같이 이름표(Key)와 내용(Value)이 짝을 이룬 깔끔한 메모(JSON) 형식으로 전달해 줍니다.

```
JSON
{
  "분류": "긴급",
  "요약": "오늘 오후 3시, 마케팅팀 긴급 회의",
  "발신인": "김대리"
}
```

이렇게 정리된 형식 덕분에 우리는 "만약 '분류'가 '긴급'이라면…." 과 같은 명확한 규칙을 만들 수 있습니다. JSON은 컴퓨터와 사람이 모두 쉽게 이해할 수 있어, 자동화 세계에서 데이터를 주고받는 표준 양식으로 사용됩니다.

## 우리의 어벤져스: 핵심 도구 소개

이제 우리 시스템을 구성할 주인공들을 소개합니다. 각 도구는 저마다의 강력한 능력을 가지고 있으며, 이들이 모여 환상의 팀워크를 보여줄 것입니다.

- Gmail: 모든 것의 시작점 우리의 자동화 여정이 시작되는 출발선입니다. 외부 세계의 모든 정보(이메일)가 모이는 관문이며, '새로운 이메일 도착'이라는 신호탄을 쏘아 올려 전체 자동화 프로세스를 깨우는 역할을 합니다.
- Google Gemini AI: 이메일을 분석하고 판단하는 두뇌 우리 시스템의 핵심 '두뇌'입니다. Gmail로부터 받은 이메일 내용을 샅샅이 읽고, 우리가 미리 정해준 규칙에 따라 "이건 중요한가?", "핵심 내용은 무엇인가?"를 판단합니다. Gemini의 판단력이 우리 비서의 수준을 결정합니다.
- Telegram: 신속하게 결과를 알려주는 메신저 AI 두뇌가 "이건 정말 중요해!"라고 판단했을 때, 그 결과를 우리에게 가장 빠르게 전달해주는 '전령'입니다. 수많은 이메일 속에 파묻힐 수 있는 중요한 정보를 따로 빼내어 모바일로 즉시 알려주어, 우리가 절대 놓치지 않도록 돕습니다.
- 데이터 스토어: 모든 기록을 차곡차곡 쌓는 창고 AI 비서가 수행한 모든 활동을 기록하는 '일지' 또는 '창고'입니다. "몇 시에 어떤 메일이 와서, 어떻게 분류되었고, 텔레그램으로 알림을 보냈음"과 같은 모든 로그를 저장합니다. 나중에 문제가 생겼을 때 원인을 찾거나, 우리 비

서가 얼마나 일을 잘하고 있는지 성과를 분석하는 데 꼭 필요한 공간 입니다.

- 라우터(Router): 상황에 맞게 길을 안내하는 교통경찰 AI의 판단이 끝나면, 그 결과에 따라 다음에 할 일을 결정하는 '교통경찰'입니다. Gemini가 "긴급"이라는 팻말을 들면 텔레그램으로 가는 A경로로 안내하고, "광고"라는 팻말을 들면 바로 보관함으로 가는 B경로로 안내하는 역할을 합니다.
- 자동화 플랫폼 (예: Make, Zapier): 이 모든 것을 하나로 엮어주는 풀 앞서 소개한 모든 도구들을 하나로 모아 실제 작동하게 만드는 '작업대' 이자 강력한 '접착제'입니다. 코딩 없이 마우스 클릭만으로 Gmail, Gemini, Telegram 같은 여러 앱(API)을 레고 블록처럼 연결하여, 우리가 상상하는 자동화 시나리오를 현실로 만들어주는 마법 같은 공간 입니다.

이제 우리는 자동화라는 요리를 만들기 위한 모든 재료와 도구를 확인했습니다. 각자의 역할이 명확하게 그려지시나요?

# **Part 2.** 실전

# AI 이메일 비서 구축하기 (단계별 가이드)

Chapter 3

# 전체 시나리오 설계하기

우리가 만들고자 하는 것: “특정 이메일이 오면, Gemini가 내용을 분석해서 중요도를 판단하고, 중요하면 텔레그램으로 요약 내용을 보내주고, 중요하지 않으면 자동으로 보관처리하는 시스템”

이제 이론적인 준비는 끝났습니다. 앞선 챕터에서 우리는 왜 업무 자동화가 필요한지, 그리고 API, JSON, 다양한 자동화 도구들이 무엇인지 충분히 이해했습니다. 이제는 실제로 당신만을 위한 ‘AI 이메일 비서’를 구축할 시간입니다.

하지만 무턱대고 시작할 수는 없습니다. 마치 건물을 지을 때 설계도가 필요하듯, 우리가 만들 자동화 시스템이 어떤 순서로, 어떤 과정을 거쳐 작동할지 미리 그림을 그려보는 것이 중요합니다. 이 챕터에서는 우리가 궁극적으로 만들고자 하는 시스템의 전체적인 흐름을 명확하게 정의하고, 이를 한눈에 파악할 수 있는 시나리오를 설계할 것입니다.

## 우리가 만들 시스템의 핵심 목표

우리가 구축할 'AI 이메일 비서'는 다음과 같은 명확한 목표를 가집니다.

1. 반복적인 이메일 수동 확인 업무 제거: 매번 받은 편지함을 들여다보는 시간을 없앱니다.
2. 핵심 정보의 즉각적인 인지: 중요한 이메일의 핵심 내용을 AI가 요약하여 즉시 알려줍니다.
3. 불필요한 이메일 자동 처리: 광고, 스팸 등 중요하지 않은 이메일은 당신의 개입 없이 자동으로 정리됩니다.
4. 효율적인 업무 집중 환경 조성: 당신은 중요한 이메일에만 신경 쓰고, 본연의 업무에 집중할 수 있게 됩니다.

이러한 목표를 달성하기 위해 우리는 "특정 이메일이 오면, Gemini가 내용을 분석해서 중요도를 판단하고, 중요하면 텔레그램으로 요약 내용을 보내주고, 중요하지 않으면 자동으로 보관처리하는 시스템"을 만들 것입니다. 이 문장 속에 우리가 구현할 모든 과정이 담겨 있습니다.다이어그램을 보며 전체 흐름 한눈에 파악하기(이 부분은 실제 책에서는 다이어그램 이미지가 들어갈 자리입니다. 다이어그램을 상정하고 설명을 작성합니다.)

위에서 정의한 목표를 달성하기 위해, 우리 시스템은 다음 단계를 거쳐 작동하게 됩니다. 아래의 다이어그램(책에 삽입될 이미지)을 보면서 각 단계가 어떻게 연결되는지 한눈에 파악해 보세요. 이것이 바로 우리가 앞으로 따라갈 '자동화 시스템의 지도'입니다.

[AI 이메일 비서 시스템 전체 흐름 다이어그램]

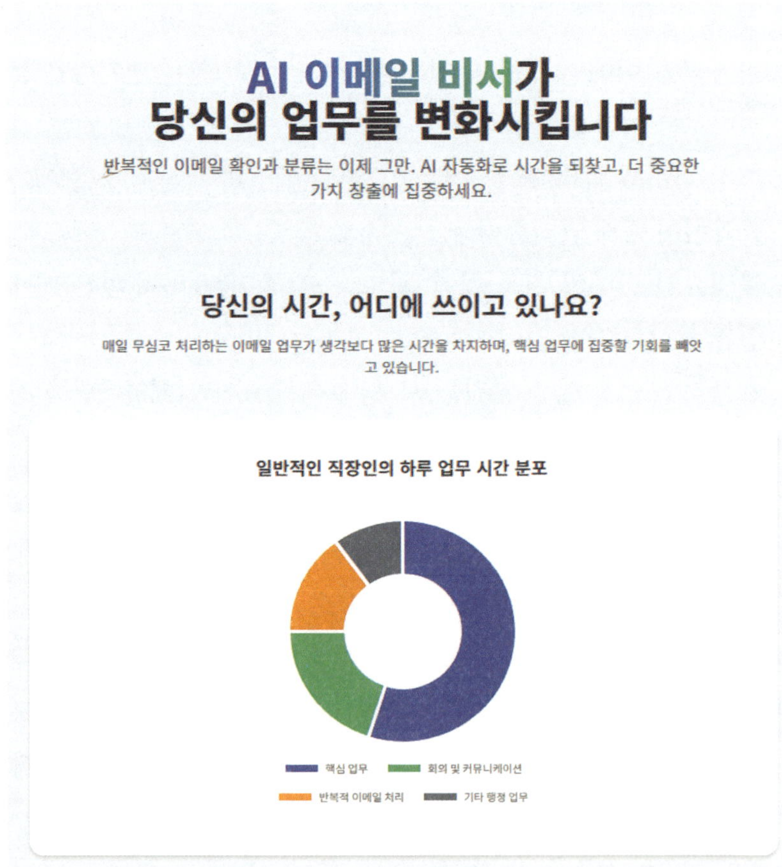

## AI 비서의 스마트한 업무 처리 과정

AI 이메일 비서는 아래의 6단계 워크플로우를 통해 당신의 개입 없이 모든 이메일을 체계적으로 처리합니다.

1 **새 이메일 감지 (트리거)**
자동화 시스템이 당신의 Gmail을 24시간 감시하다가, 새로운 이메일이 도착하면 즉시 전체 프로세스를 시작합니다.

↓

2 **AI 내용 분석 (판단)**
수신된 이메일 본문을 Gemini AI에게 전달하여 요약하고, '긴급/일반/광고' 등 중요도를 판단합니다.

↓

3 **경로 결정 (분기)**
AI의 판단 결과를 바탕으로 '교통경찰' 라우터가 처리 경로를 중요 메일(A경로)과 일반 메일(B경로)로 나눕니다.

↓

**A경로: 중요 메일**

4 **중요 메일 알림**
AI가 '중요'하다고 판단한 메일의 요약본을 텔레그램으로 즉시 발송합니다.

**B경로: 일반 메일**

5 **일반 메일 보관**
'광고' 등으로 판단된 메일은 자동으로 '읽음' 처리되거나 보관함으로 이동됩니다.

↓

6 **모든 내역 기록 (저장)**
어떤 이메일이 어떻게 처리되었는지 모든 과정의 상세 기록을 데이터 스토어에 차곡차곡 저장합니다.

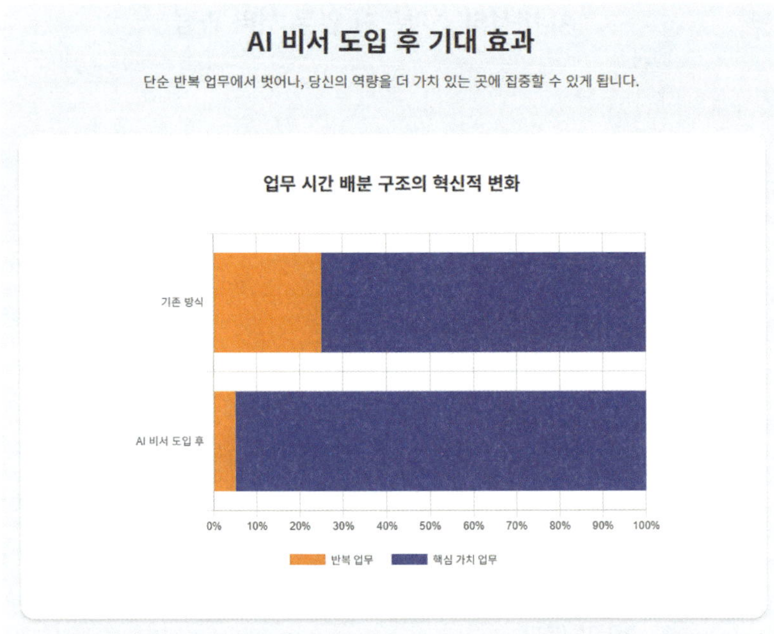


이 다이어그램은 우리의 AI 비서가 어떻게 작동하는지 명확하게 보여줍니다. 각 단계는 이전 단계의 결과물을 받아 다음 단계로 전달하며, 이 모든 과정은 당신의 개입 없이 자동으로 이루어집니다.

다음 챕터부터는 이 다이어그램의 각 단계를 하나씩 뜯어보며, 실제로 자동화 툴을 활용하여 구축하는 방법을 자세히 설명할 것입니다. 걱정하지 마세요. 코딩 지식이 없어도, 레고 블록을 조립하듯이 쉽고 재미있게 나만의 AI 비서를 만들 수 있습니다. 이제 첫 번째 블록인 'Gmail 트리거' 설정부터 시작해 봅시다.

Chapter 4

# [1단계] 방아쇠 당기기: Gmail에 새 메일이 오면 자동화 시작

## 자동화 툴과 내 Gmail 계정 연동하기

이제 드디어 우리가 설계한 자동화 시스템의 첫 번째 블록을 조립할 시간입니다. 마치 낡은 총에 새 탄창을 끼우듯, 우리의 AI 이메일 비서가 작동을 시작하려면 '방아쇠'를 당겨야 합니다. 그 방아쇠는 바로 '새로운 이메일이 Gmail에 도착했을 때' 입니다.

자동화 툴에서 이메일 수신을 감지하도록 설정하는 것은, 마치 당신의 받은 편지함을 24시간 감시하는 똑똑한 비서를 두는 것과 같습니다. 이 비서는 새로운 메일이 들어오기 무섭게 즉시 다음 단계로 정보를 전달할 준비를 할 것입니다.

이 챕터에서는 자동화 플랫폼(예: Make)에서 Gmail 계정을 안전하게 연동하고, 새로운 이메일이 도착하는 순간을 포착하는 '트리거

(Trigger)'를 설정하는 방법을 단계별로 안내합니다. 걱정 마세요. 코딩 한 줄 없이 마우스 클릭 몇 번으로 쉽게 할 수 있습니다.

### 1. 자동화 플랫폼 선택 및 로그인

- 이 책에서는 예시로 'Make.com'(과거 Integromat)을 사용합니다. Make는 다양한 앱을 레고 블록처럼 연결하여 복잡한 자동화 워크플로우를 쉽게 만들 수 있는 강력한 노코딩(No-code) 플랫폼입니다.
- Make.com 웹사이트에 접속하여 계정을 생성하거나 로그인합니다. (아직 계정이 없다면, 무료 플랜으로 시작할 수 있습니다.)

### 2. 새로운 시나리오(자동화 워크플로우) 생성

- 로그인 후, Make 대시보드에서 'Create a new scenario' (새 시나리오 생성) 버튼을 클릭합니다.
- 빈 캔버스에 자동화 흐름을 그릴 준비가 완료됩니다.

### 3. 첫 번째 모듈: Gmail 추가 및 연동

- 캔버스 중앙의 '+' 버튼을 클릭하거나, 좌측 검색창에 'Gmail'을 입력하여 Gmail 모듈을 찾습니다.
- Gmail 모듈을 선택하면 다양한 동작(Action) 목록이 나타나는데, 우리는 'Watch Emails'(이메일 감시)를 선택합니다. 이것이 바로 '새 이메일이 도착했을 때'를 감지하는 트리거입니다.
- 'Watch Emails'를 선택하면, Make가 당신의 Gmail 계정에 접근할 권한을 요청합니다. 보안 연결을 위해 'Add' (추가) 버튼을 클릭합

니다.

- 팝업창이 뜨면 당신의 Google 계정으로 로그인하고, Make에게 필요한 권한(이메일 읽기 등)을 부여합니다. Make는 Google이 공식적으로 인증한 앱이므로 안심하고 진행하셔도 됩니다.
- 연동이 성공적으로 완료되면, 이제 Make가 당신의 Gmail 계정을 주시할 수 있게 됩니다.

**Pro Tip** '새 이메일 수신'을 시작 신호(트리거)로 설정하는 방법

Gmail 계정을 연동했다면, 이제 Make에게 어떤 이메일을 '새 이메일'로 간주하고 작업을 시작할지 알려줘야 합니다. 'Watch Emails' 모듈의 세부 설정을 통해 이를 지정할 수 있습니다.

### 1. 'Watch Emails' 모듈 설정 열기

- 캔버스에 추가된 'Gmail – Watch Emails' 모듈을 클릭하면 설정 패널이 열립니다.

Gmail

### 2. 어떤 이메일을 감시할 것인가?

- Connection: 앞서 연동한 당신의 Gmail 계정이 선택되어 있습니다. 다른 계정을 추가하거나 변경할 수 있습니다.
- Folder (폴더): 감시할 메일함입니다.
  - 핵심 설정: 기본값인 **'Inbox' (받은 편지함)**를 그대로 사용합니다. 우리는 받은 편지함에 도착하는 모든 새 메일을 감지할 것입니다.

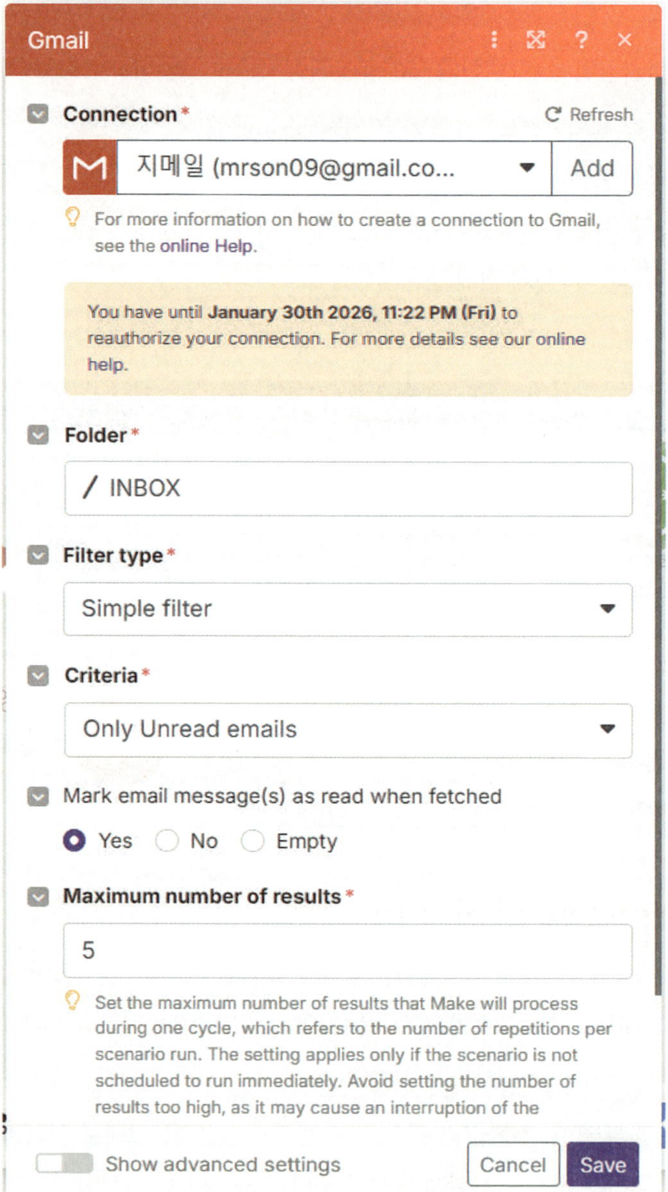
Gmail
Connection *
Refresh
지메일 (mrson09@gmail.co...
Add
For more information on how to create a connection to Gmail, see the online Help.
You have until January 30th 2026, 11:22 PM (Fri) to reauthorize your connection. For more details see our online help.
Folder *
/ INBOX
Filter type *
Simple filter
Criteria *
Only Unread emails
Mark email message(s) as read when fetched
Yes
No
Empty
Maximum number of results *
5
Set the maximum number of results that Make will process during one cycle, which refers to the number of repetitions per scenario run. The setting applies only if the scenario is not scheduled to run immediately. Avoid setting the number of results too high, as it may cause an interruption of the
Show advanced settings
Cancel
Save

- 활용 팁: 특정 프로젝트 관련 메일만 처리하고 싶다면, Gmail에서 해당 프로젝트 이름으로 라벨(예: '프로젝트A')을 만들고 여기서 그 라벨을 선택할 수도 있습니다.

- Filter type (필터 유형): 'Simple filter'(단순 필터)와 'Advanced filter'(고급 필터) 중 선택할 수 있습니다. 우리는 기본적인 설정만으로 충분하므로 **'Simple filter'**를 사용합니다.
- Criteria (검색 기준): 어떤 상태의 메일을 가져올지 결정하는 가장 중요한 설정 중 하나입니다.
  - 핵심 설정: **'Only Unread emails'(읽지 않은 메일만)**를 선택합니다. 이렇게 해야 아직 확인하지 않은 새로운 메일만 감지하여 처리하고, 이미 읽은 메일을 중복으로 처리하는 것을 방지할 수 있습니다.
- Mark email message(s) as read when fetched (메일 가져온 후 읽음 처리 여부):
  - 핵심 설정: **'Yes'**를 선택합니다. Make가 한 번 처리한 메일은 자동으로 '읽음' 상태로 변경하여, 다음 실행 시에 또다시 가져오지 않도록 만드는 중요한 기능입니다.
- Maximum number of results (최대 결과 수):
  - 핵심 설정: 한 번에 처리할 이메일의 최대 개수입니다. 초기 테스트 단계에서는 **'1' 또는 '2'**로 낮게 설정하여 워크플로우가 의도대로 작동하는지 확인하는 것이 안전합니다.
  - 주의: 이 값을 너무 높게 설정하면, 짧은 시간에 너무 많은 이메일을 처리하게 되어 의도치 않은 문제가 발생하거나 Make의 작업량을 빠르게 소진시킬 수 있습니다.

### 3. 첫 실행 시 데이터 처리 기준 정하기 (Choose where to start)

- 이 설정은 시나리오를 처음 활성화할 때 Make가 과거의 이메일을 어디까지 가져올지 결정합니다.

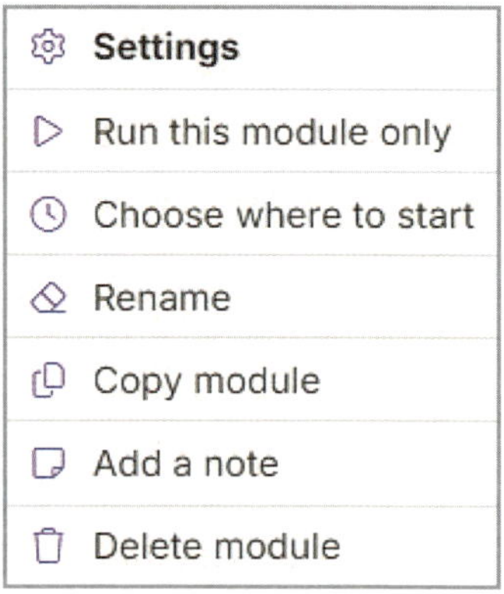


- From now on (지금부터): 가장 일반적이며 권장되는 옵션입니다. 시나리오가 활성화된 시점부터 새로 도착하는 이메일만 감지합니다. 이전에 받은 수많은 이메일을 한꺼번에 처리하는 것을 방지할 수 있습니다.
- All emails (모든 이메일): 계정의 모든 이메일을 가져옵니다. 주의: 테스트 목적으로 사용하지 않는 한, 이 옵션은 매우 많은 이메일을 처리하게 되어 예상치 못한 결과를 초래할 수 있으므로 권장하지 않습니다.

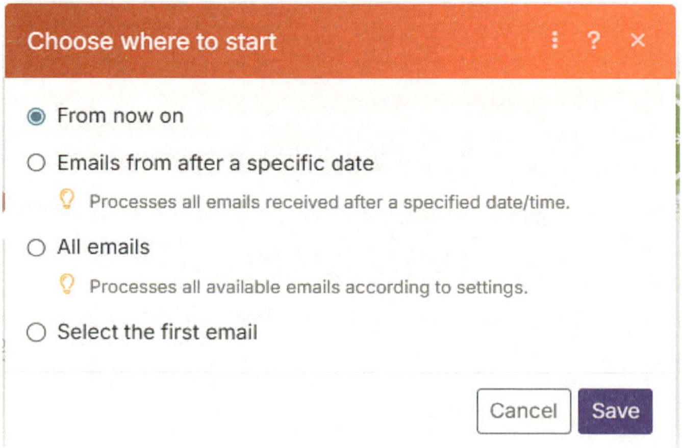

- By ID (ID로): 특정 이메일 ID부터 시작할 때 사용합니다.
- Select the first email (첫 이메일 선택): 특정 이메일을 선택하여 그 이메일부터 처리합니다.

### 4. 설정 저장 및 테스트

- 모든 설정을 마쳤다면 'OK' 버튼을 클릭하여 모듈 설정을 저장합니다.
- 이제 시나리오를 'Run once'(한 번 실행)하여 테스트해 볼 수 있습니다. 만약 Gmail에 읽지 않은 새 이메일이 있다면, Make가 이를 감지하여 모듈 아래로 데이터가 흐르는 것을 확인할 수 있을 것입니다.

성공적으로 'Gmail - Watch Emails' 모듈을 설정하셨다면, 당신의 AI 이메일 비서는 이제 새로운 메일이 도착하는 순간을 놓치지 않고 포착할 준비를 마친 것입니다. 다음 챕터에서는 이 감지된 이메일 내용을 우리의 똑똑한 AI 두뇌, Gemini에게 전달하여 분석을 맡기는 방법을 배울 것입니다.

Special Tip

## Google Cloud Platform으로 안전하게 Gmail 연결하기

과거에는 자동화 툴과 Gmail을 간단하게 로그인만으로 연결할 수 있었지만, 이제는 구글의 강화된 보안 정책에 따라 사용자가 직접 '내 Gmail 데이터에 접근해도 좋다'는 허가증(API Key)을 발급받아 연결해야 합니다.

조금 복잡해 보일 수 있지만, 이 과정은 내 계정 정보를 더 안전하게 보호하기 위한 절차이며, 한 번만 설정해두면 그 후에는 편리하게 사용할 수 있습니다. 제가 안내해 드리는 대로 차근차근 따라 오시면 누구나 성공할 수 있습니다.

이 과정은 크게 두 부분으로 나뉩니다.

- Part 1: 구글 클라우드에서 '통행증' 발급받기
- Part 2: Make.com에 '통행증' 등록하고 연결 완료하기

### Part 1: 구글 클라우드에서 '통행증(API Key)' 발급받기

#### 1단계: Google Cloud Platform 접속 및 새 프로젝트 생성

① 웹 브라우저에서 'Google Cloud Platform' 또는 'GCP'를 검색하여 접속한 후, 본인의 구글 계정으로 로그인합니다.

② 화면 상단의 프로젝트 선택 메뉴(기존 프로젝트 이름이 보일 수 있

음)를 클릭하고, 팝업창에서 **'새 프로젝트'**를 선택합니다.

③ 프로젝트 이름을 입력합니다. 독자가 알아보기 쉽게 지메일 에이전트와 같이 입력하고 '만들기' 버튼을 클릭합니다.

## 2단계: Gmail API 활성화

① 새 프로젝트가 선택된 상태에서, 왼쪽 상단의 햄버거 메뉴(≡)를 클릭하여 **'API 및 서비스' > '라이브러리'**로 이동합니다.

② API 라이브러리 검색창에 **'Gmail API'**를 입력하고 검색 결과에서 'Gmail API'를 선택합니다.

③ '사용' 또는 'Enable' 버튼을 클릭하여 내 프로젝트에서 Gmail API를 활성화합니다.

## 3단계: OAuth 동의 화면 설정

API를 사용하기 전에, 이 '앱'(여기서는 Make.com)이 내 데이터에 접근할 때 사용자에게 보여줄 동의 화면을 설정해야 합니다.

① 'API 및 서비스' 메뉴에서 **'OAuth 동의 화면'**으로 이동합니다.

② 'User Type'에서 **'외부'**를 선택하고 '만들기'를 클릭합니다.

③ 앱 정보를 입력합니다.

- 앱 이름: 이메일비서 와 같이 본인이 알아볼 수 있는 이름을 입력합니다.
- 사용자 지원 이메일: 본인의 이메일 주소를 선택합니다.

- 개발자 연락처 정보: 본인의 이메일 주소를 한 번 더 입력합니다.

④ 나머지 정보는 필수가 아니므로, 페이지 하단으로 스크롤하여 **'저장 후 계속'**을 누릅니다. '범위', '테스트 사용자' 단계도 건너뛰고 **'저장 후 계속'**을 눌러 동의 화면 설정을 마칩니다.

**4단계: '사용자 인증 정보' 생성 (가장 중요한 단계!)**

이제 Make.com에 제공할 실제 '통행증'(클라이언트 ID와 보안 비밀)을 만들 차례입니다.

① 'API 및 서비스' 메뉴에서 **'사용자 인증 정보'**로 이동합니다.

② 화면 상단의 **'+ 사용자 인증 정보 만들기' > 'OAuth 클라이언트 ID'**를 선택합니다.

③ '애플리케이션 유형' 드롭다운 메뉴에서 **'웹 애플리케이션'**을 선택합니다.

④ 이름을 입력합니다. (예: Make.com 연결용)

⑤ '승인된 리디렉션 URI' 섹션에서 '+ URI 추가' 버튼을 클릭합니다.

★ 중요: 이 창을 닫지 마세요! 이 칸에 입력할 주소(URI)는 Make.com에서 알려줍니다. 이제 잠시 Google Cloud 창을 그대로 두고, Make.com으로 넘어가서 주소를 받아와야 합니다.

## Part 2: Make.com에 '통행증' 등록하고 연결 완료하기

### 5단계: Make.com에서 '리디렉션 URI' 확인하기

① 이제 Make.com 시나리오 편집 화면으로 돌아옵니다.

② Gmail 모듈을 추가하고 'Watch Emails'를 선택한 후, Connection 설정에서 'Add' 버튼을 누릅니다.

③ 연결 설정 팝업창이 뜨면 **'Show advanced settings' (고급 설정 표시)**를 클릭합니다.

④ 여기에 나타나는 'Redirect URI' 주소(보통 https://www.make.com/oauth/cb/oauthe 와 같은 형태) 옆의 복사 버튼을 클릭하여 주소를 복사합니다.

### 6단계: Google Cloud에 리디렉션 URI 등록 및 통행증 발급

① 다시 아까 열어두었던 Google Cloud의 '사용자 인증 정보 만들기' 창으로 돌아옵니다.

② 비어있던 'URI' 입력란에 방금 Make.com에서 복사한 주소를 붙여넣습니다.

③ '만들기' 버튼을 클릭합니다.

④ "OAuth 클라이언트가 생성되었습니다" 라는 팝업창이 뜨면서 **'내 클라이언트 ID'**와 **'내 클라이언트 보안 비밀'**이 나타납니다. 이 두 가지 정보를 안전한 곳(예: 메모장)에 즉시 복사해 두세요. 이것이 바로 Make.com에 필요한 최종 통행증입니다.

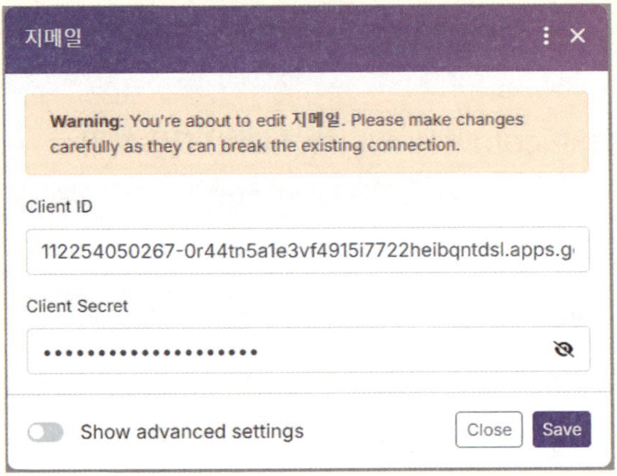


### 7단계: Make.com에 통행증 정보 입력 및 최종 연결

① 다시 Make.com의 Gmail 연결 설정 팝업창으로 돌아옵니다.

② Google Cloud에서 복사해 둔 **'클라이언트 ID'**와 **'클라이언트 보안 비밀'**을 각각 해당하는 칸에 붙여넣습니다.

③ 'Continue' 또는 'Sign in with Google' 버튼을 클릭합니다.

④ 이제 익숙한 구글 로그인 및 권한 동의 화면이 나타납니다. 연결하려는 계정을 선택하고, "내 AI 이메일 비서" 앱이 내 Gmail 데이터에 접근하는 것을 허용(Allow)합니다.

연결이 성공적으로 완료되면, Make.com의 Gmail 모듈에 당신의 계정이 등록된 것을 확인할 수 있습니다. 이제 당신의 AI 비서는 구글의 최신 보안 정책을 준수하는 안전한 방식으로 당신의 이메일을 감시할 준비를 마쳤습니다!

Chapter 5

# [2단계] AI 두뇌 연결하기: Gemini로 이메일 분석하기

Google Gemini AI

앞선 첩터에서 우리는 새로운 이메일을 감지하는 '방아쇠'를 성공적으로 설정했습니다. 이제 그 방아쇠가 당겨졌을 때, 총알(이메일 데이터)을 받아 분석하고 판단할 '두뇌'를 연결할 차례입니다. 그 두뇌의 역할은 바로 Google의 강력한 인공지능, Gemini가 맡게 될 것입니다.

이 단계에서는 이전 Gmail 모듈에서 가져온 이메일 본문을 Gemini AI에게 전달하고, 우리가 원하는 기준에 따라 내용을 요약하고 분류하도록 지시하는 방법을 배웁니다. AI에게 얼마나 명확하고 똑똑하게 지시하는지가 우리 AI 비서의 성능을 좌우하는 가장 중요한 열쇠입니다.

## 1. Make 시나리오에 Gemini 모듈 추가하기

① Make 시나리오의 Gmail 모듈 오른쪽에 있는 반원 모양의 ‘Add another module’ 버튼을 클릭합니다.

② 모듈 검색창에 **‘Google AI (Gemini)’**를 입력하고 모듈을 선택합니다.

③ 다양한 Action(동작) 목록 중에서, 우리는 텍스트를 생성하고 분석. 하는 **‘Generate Content’**를 선택합니다.

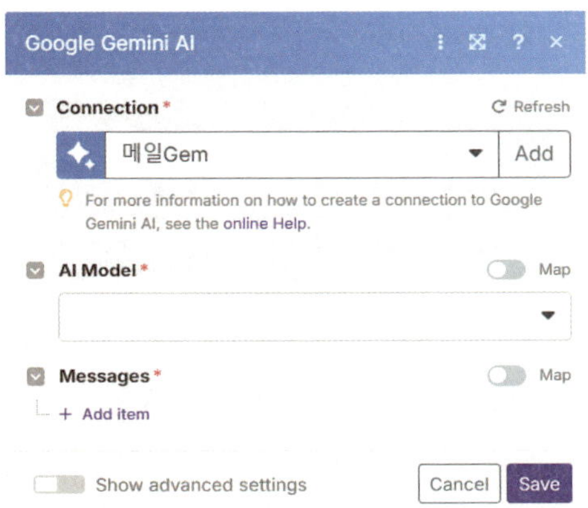


## 2. Gemini API 연결 설정하기

이제 Make와 Gemini를 연결해야 합니다. 이 과정에서 **‘API 키’**가 필요합니다. API 키는 Gemini라는 전문가를 우리 시나리오에 데려오기 위한 ‘출입증’과 같습니다.

- ‘Connection’ 설정에서 ‘Add’ 버튼을 클릭합니다.
- ‘API Key’를 입력하는 칸이 나타납니다. 여기에 Google Cloud Platform에서 발급받은 키를 입력해야 합니다.

## Pro Tip Gemini API 키, 한 번만 발급받아 계속 사용하기

API 키 발급 과정이 조금 번거롭게 느껴질 수 있지만, 딱 한 번만 생성해두면 앞으로 만드는 모든 자동화 프로젝트에서 계속 사용할 수 있습니다. 아래 가이드를 따라 차근차근 진행해 보세요.

1. **Google Cloud Platform 접속: 웹 브라우저에서 console.cloud.google.com으로 접속하여 본인의 구글 계정으로 로그인합니다.**

2. **프로젝트 선택 또는 생성:**
   - 화면 상단에서 프로젝트를 선택하거나, 없다면 **'새 프로젝트'**를 만들어주세요. (예: My AI Automations)

3. **Gemini API 활성화:**
   - 왼쪽 메뉴(≡)에서 **'API 및 서비스' 〉 '라이브러리'**로 이동합니다.
   - 검색창에 Generative Language API 또는 Gemini API를 검색하고, 나타나는 API를 선택한 뒤 '사용(Enable)' 버튼을 클릭합니다.

4. **API 키 생성:**
   - 다시 왼쪽 메뉴에서 **'API 및 서비스' 〉 '사용자 인증 정보'**로 이동합니다.
   - 화면 상단의 **'+ 사용자 인증 정보 만들기' 〉 'API 키'**를 클릭합니다.
   - 잠시 후 생성된 API 키가 팝업창에 나타납니다. 이 키를 복사 버튼을

눌러 복사합니다. (이 키는 비밀번호처럼 안전하게 보관해야 합니다.)

5. **Make에 API 키 붙여넣기:**

- Make의 Gemini 연결 설정 창으로 돌아와, 방금 복사한 API 키를 'API Key' 입력란에 붙여넣고 'Save' 버튼을 누릅니다.

이제 연결이 성공적으로 완료되었습니다! 당신의 시나리오는 언제든 Gemini의 강력한 지능을 빌릴 준비를 마쳤습니다.

## 3. 핵심! AI에게 똑똑하게 지시하는 법 (프롬프트 엔지니어링)

연결이 끝났으니, 이제 Gemini 에게 무엇을 시킬지 구체적으로 지시할 차례입니다. 이 지시문을 **'프롬프트(Prompt)'**라고 부릅니다. 최신 Gemini 모듈은 더 정교한 지시를 위해 아래와 같은 구조로 이루어져 있습니다.

- AI Model (AI 모델): 어떤 버전의 Gemini를 사용할지 선택합니다. 텍스트 분석에 빠르고 효율적인 Gemini 2.5 Flash 모델을 추천합니다.
- Messages (메시지): 이 부분이 가장 중요합니다. AI에게 전달할 지시사항 전체를 담는 공간입니다.
  - Role (역할): 우리는 AI에게 작업을 '요청'하는 입장이므로, **'User'** 를 선택합니다.
  - Parts (내용) 〉 Text: 아래에 나타나는 'Text' 입력란에, AI가 우리가 원하는 결과물을 정확히 만들어내도록 아래 예시 프롬프트를 그대로 입력 하세요.

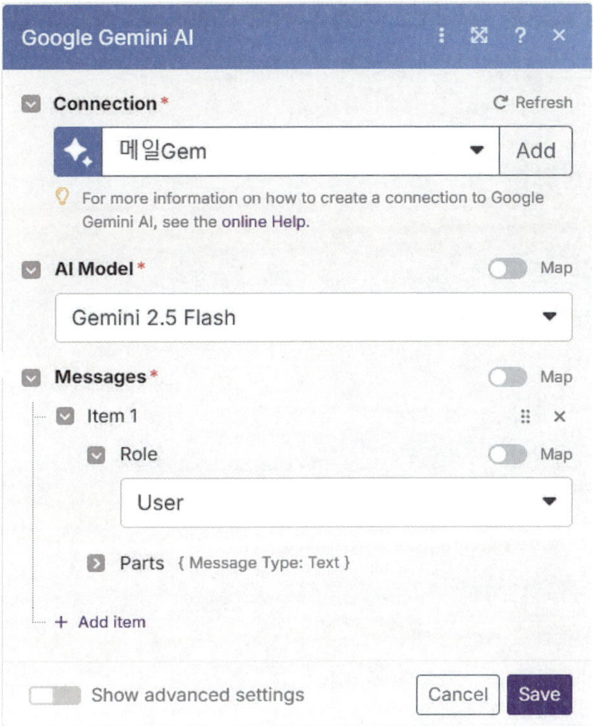


당신은 주어진 이메일 정보를 분석하여 내용을 분류 및 요약하고, 그 결과를 반드시 순수한 JSON 형식으로만 응답하는 AI 에이전트입니다.

응답 시 아래 규칙을 반드시 준수해야 합니다:

- 응답은 {로 시작하여 }로 끝나야 합니다.
- JSON 코드 외에 다른 어떤 설명, 인사, 추가 텍스트도 포함해서는 안 됩니다.

- 가장 중요한 규칙으로, 응답 앞뒤에 ```json 이나 ``` 와 같은 마크다운 코드 블록을 절대로 추가하지 마세요.

[입력 정보]

```
current_time:
sender:
subject:
body:
attachments:
```

[작업 지침]

1. 'classification' 결정

- 1순위 (첨부파일): attachments 목록에 .xls, .xlsx, .hwp, .hwpx, .doc, .docx, .pdf 확장자를 가진 파일이 하나라도 있으면, classification을 즉시 "할일"로 확정합니다.
- 2순위 (본문 내용): 위 1순위에 해당하지 않을 경우, subject와 body를 분석하여 아래 기준에 따라 classification을 결정합니다.
- 할일: 업무 요청, 자료 제출 요청, 답변 요구, 직인이 포함된 문서 이미지, 카드 번호 등 즉각적인 조치가 필요한 내용.
- 일정: 명확한 날짜와 시간이 명시된 회의, 약속, 행사 안내.
- 영수증: 결제, 구매, 구독, 비용 지출 관련 내역.

- 보험금 청구: 보험금 청구의 접수, 처리, 결과 안내.
- 보험 설계: 보험 상품 제안서 또는 맞춤 설계안.
- 개인적 메일: 지인과의 사적인 안부나 대화.
- 광고: 상품 홍보, 뉴스레터, 서비스 소개, 마케팅성 이벤트 안내, 오류(error) 관련 메일.

### 2. 'summary' 작성

- 이메일의 핵심 내용을 한 문장으로 간결하게 요약합니다.

### 3. 'has_event' 및 'event_details' 결정

- classification이 "일정" 또는 "할일"인 경우에만 has_event를 true로 설정하고, 나머지는 모두 false로 설정합니다.
- has_event가 true일 때만 event_details를 채웁니다.
- "일정"일 경우: 본문에서 이벤트의 제목(title), 시작 시간(start_time), 종료 시간(end_time)을 추출하여 기입합니다.
- "할일"일 경우:
- 본문에 마감 기한이 명시되어 있으면 해당 시간을 end_time으로 설정합니다. (start_time은 end_time과 동일하게 설정하거나 비워둡니다.)
- 마감 기한이 없으면, current_time을 기준으로 내일 오후 5시를 end_time으로 설정합니다. (형식: YYYY-MM-DD 17:00:00)
- title은 이메일의 subject 또는 summary 내용을 사용합니다.
- has_event가 false이면 event_details의 모든 값을 null로 둡니다.

**# 출력 JSON 구조**

```
{
  "classification": "분류 결과 (예: 할일)",
  "summary": "이메일 핵심 내용 한 문장 요약",
  "has_event": false,
  "event_details": {
   "title": null,
   "start_time": null,
   "end_time": null
  }
}
```

프롬프트에 실제 이메일 정보 연결하기:

위 프롬프트를 붙여넣었다면, 이제 [입력 정보] 섹션의 각 항목에 실제 데이터를 연결해 주어야 합니다.

① current_time: 옆에 커서를 두고, Make 공통 변수 중 **now**를 찾아 클릭합니다.

② sender: 옆에 커서를 두고, Gmail 모듈 변수 중 From: Name 또는 **From: Email**을 클릭합니다.

③ subject: 옆에 커서를 두고, Gmail 모듈 변수 중 **Subject**를 클릭합니다.

④ body: 옆에 커서를 두고, Gmail 모듈 변수 중 **Text content**를 클릭합니다.

⑤ attachments: 옆에 커서를 두고, Gmail 모듈 변수 중 **Attachments: File name**을 클릭합니다.

이렇게 하면, 시나리오가 실행될 때마다 각 항목이 실제 이메일 정보로 자동 치환되어 Gemini에게 전달됩니다.

## 4. 설정 저장 및 테스트

- 모든 설정을 마쳤다면 'OK' 버튼을 클릭하여 모듈 설정을 저장합니다.
- 시나리오를 **'Run once'**로 실행하여 테스트합니다. Gmail에서 가져온 이메일이 Gemini 모듈로 전달되고, 분석 결과가 출력되는지 확인해 보세요.
- 모듈 위 돋보기 아이콘을 클릭하면, 우리가 요청한 JSON 형식으로 깔끔하게 정리된 결과를 볼 수 있습니다.

이제 우리의 AI 비서는 매우 구체적이고 정교한 규칙에 따라 이메일을 분석하고, 그 결과를 구조화된 데이터로 만들어낼 수 있게 되었습니다.

다음 챕터에서는 Gemini가 분석한 이 결과를 바탕으로, 상황에 맞게 행동을 나누는 'JSON'를 설정하는 방법을 배우게 될 것입니다.

Chapter 6

# [3단계] 데이터 다듬기: JSON 텍스트를 보물 지도로 바꾸기

축하합니다! 이제 우리의 AI 비서는 이메일을 분석하여, 마치 암호문처럼 보이는 JSON 형식의 텍스트를 만들어내는 데 성공했습니다.

하지만 이 결과물은 아직 '텍스트 덩어리'일 뿐, Make.com이 "이 부분은 '분류'고, 저 부분은 '요약'이야"라고 알아들을 수 있는 상태는 아닙니다. 이번 챕터에서는 이 텍스트 암호문을 실제 사용 가능한 '보물 지도'로 변환하는, 매우 중요하지만 간단한 과정인 **'JSON 파싱(Parsing)'**에 대해 배울 것입니다.

'파싱'이란, 컴퓨터가 이해할 수 있도록 데이터의 구조를 분석하고 분해하는 과정을 의미합니다. 이 단계를 거쳐야만 우리는 "분류(classification) 결과가 '할일'일 경우에만 다음 단계로 진행하라"와 같은 스마트한 규칙을 만들 수 있습니다.

## 1. JSON 모듈 추가하기

① Make 시나리오의 Gemini 모듈 오른쪽에 있는 'Add another module' 버튼을 클릭합니다.

② 모듈 검색창에 **'JSON'**을 입력하고 모듈을 선택합니다.

③ 다양한 Action(동작) 목록 중에서, 우리는 텍스트를 구조화된 데이터로 변환하는 **'Parse JSON'**을 선택합니다.

## 2. 'Parse JSON' 모듈 설정하기

'Parse JSON' 모듈을 클릭하면 두 가지 중요한 설정 항목이 나타납니다.

- Data Structure (데이터 구조): JSON 텍스트를 어떤 '틀'에 맞춰 해석할지 정의하는 부분입니다. 즉, 우리가 받을 보물 지도의 양식을 미리 알려주는 것입니다.

- JSON string (JSON 문자열): 분석할 JSON 텍스트 원본을 넣어주는 곳입니다.

### 3. Data Structure (데이터 구조) 생성하기

이 부분이 가장 중요합니다. 우리는 Make에게 우리가 Gemini로부터 받기로 약속한 JSON의 구조(Schema)를 알려줘야 합니다.

① 'Data Structure' 항목 옆의 'Add' 버튼을 클릭하여 새 데이터 구조를 만듭니다.

② 'Data structure name'에 메일분류와 같이 알아보기 쉬운 이름을 입력합니다.

③ 'Generator' 버튼을 클릭합니다. 이 기능은 예시 JSON만 넣어주면 알아서 구조를 분석해주는 매우 편리한 기능입니다.

'Sample data' 입력란에, 우리가 이전 챕터의 프롬프트에서 Gemini에게 요청했던 **'출력 JSON 구조'**를 그대로 복사하여 붙여넣습니다.

```
{
  "classification": "할일",
  "summary": "이메일 핵심 내용 한 문장 요약",
  "has_event": false,
  "event_details": {
    "title": null,
```

```
    "start_time": null,
    "end_time": null
  }
}
```

④ 'Save' 버튼을 누르면, Make가 자동으로 구조를 분석하여 보여줍니다. 다시 한번 'Save' 버튼을 눌러 데이터 구조 생성을 완료합니다.

## 4. JSON string (JSON 문자열) 연결하기

이제 어떤 텍스트를 분석할지 지정해 줄 차례입니다.

- 'JSON string' 입력란을 클릭합니다.
- 변수 목록에서 이전 Gemini 모듈의 출력 결과물인 **Result**를 찾아 선택합니다. 이 Result 변수 안에 Gemini가 생성한 JSON 형식의 텍스트가 담겨 있습니다.

## 5. 설정 저장 및 테스트

- 모든 설정을 마쳤다면 'OK' 버튼을 클릭하여 모듈 설정을 저장합니다.
- 시나리오를 **'Run once'**로 실행하여 테스트합니다.
- JSON 모듈 위 돋보기 아이콘을 클릭하여 실행 결과를 확인해 보세요. 이전에는 하나의 텍스트 덩어리였던 결과물이, 이제는 classification, summary, has_event 등 각각의 이름표가 붙은 개

별 데이터로 깔끔하게 분리된 것을 볼 수 있습니다.

이제 우리는 AI가 분석한 결과를 마음대로 꺼내 쓸 수 있는 완벽한 '데이터 지도'를 손에 넣었습니다.

다음 챕터에서는 이렇게 정리된 JSON 자료와 이메일의 다른 필요한 항목들을 나중에 사용하기 위해 '데이터 스토어(Data Store)'에 저장하는 방법을 배우게 될 것입니다.

Chapter 7

# [4단계] 데이터 창고에 기록하기: 나중을 위한 정보 저장

지금까지 우리는 이메일을 감지하고, AI로 분석하여, 사용하기 쉬운 데이터로 다듬는 과정을 거쳤습니다. 이제 이 중요한 정보들을 그냥 흘려보내지 않고, 나중에 다시 찾아보거나 다른 작업에 활용할 수 있도록 안전한 창고에 기록해 둘 차례입니다.

Make.com의 **'데이터 스토어(Data Store)'**는 시나리오 내에서 간단한 데이터베이스처럼 사용할 수 있는 매우 유용한 기능입니다. 우리는 여기에 AI가 분석한 이메일의 핵심 정보들을 저장하여, 언제든 필요할 때 꺼내 볼 수 있는 '업무 기록 일지'를 만들 것입니다.

## 1. 데이터 스토어 모듈 추가하기

① Make 시나리오의 JSON 모듈 오른쪽에 있는 'Add another module' 버튼을 클릭합니다.

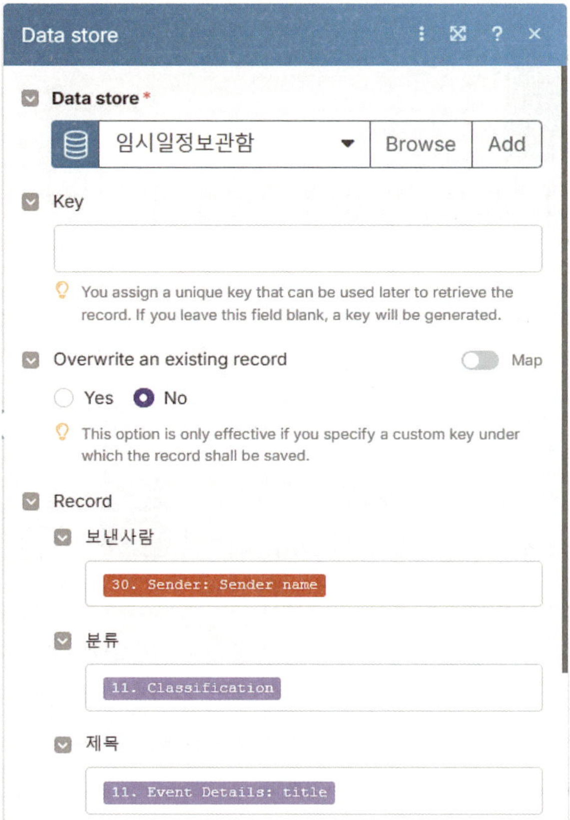


② 모듈 검색창에 **'Data store'**를 입력하고 모듈을 선택합니다.

③ 다양한 Action(동작) 목록 중에서, 우리는 새로운 기록을 추가할 것이므로 **'Add/replace a record'**를 선택합니다.

## 2. 데이터 스토어 생성 및 구조 설계

이제 데이터를 담을 '창고'와 창고 안의 '정리 칸'들을 만들어야 합니다. 이 구조는 이전 JSON 모듈에서 분석한 결과를 바탕으로, 이메일 원본의 추가 정보를 더하여 설계합니다.

① 'Data store' 설정 항목 옆의 'Add' 버튼을 클릭하여 새로운 데이터 스토어를 생성합니다.

② 'Data store name'에 임시일정보관함과 같이 알아보기 쉬운 이름을 입력합니다.

③ 'Data structure' 항목 옆의 'Add' 버튼을 클릭하여, 우리가 저장할 데이터의 '설계도'를 만듭니다.

④ 데이터 스토어에는 AI가 분석한 정보뿐만 아니라, 원본 이메일의 정보(보낸 사람 등)도 함께 저장하는 것이 나중에 활용하기에 좋습니다. 따라서 아래 목록과 같이 필요한 모든 정보를 담을 수 있도록 새로운 데이터 구조를 설계합니다. 'Add item' 버튼을 클릭하며 각 항목을 추가해 주세요.

- 보낸사람: Type을 'Text'로 설정 (Gmail 모듈에서 가져올 정보)
- 분류: Type을 'Text'로 설정 (JSON 모듈에서 가져올 정보)
- 제목: Type을 'Text'로 설정 (JSON 모듈에서 가져올 정보)
- 시작시간: Type을 'Date'로 설정 (JSON 모듈에서 가져올 정보)
- 종료시간: Type을 'Date'로 설정 (JSON 모듈에서 가져올 정보)
- 메일내용: Type을 'Text'로 설정 (JSON 모듈에서 가져올 정보)
- 보낸메일주소: Type을 'Text'로 설정 (Gmail 모듈에서 가져올 정보)

⑤ 모든 항목을 추가했다면 'Save' 버튼을 눌러 데이터 구조 생성을 완료합니다.

### 3. 데이터 스토어에 정보 채워 넣기 (매핑)

창고와 정리 칸이 모두 준비되었으니, 이제 각 칸에 맞는 데이터를 연결해 줄 차례입니다.

- Key (키): 이 항목은 각 기록을 구분하는 고유한 ID입니다. 비워두면 Make가 자동으로 생성해주므로, 그대로 비워둡니다.
- 보낸사람: 변수 목록에서 Gmail 모듈의 **Sender: Sender name**을 선택합니다.
- 분류: 변수 목록에서 JSON 모듈의 **classification**을 선택합니다.
- 제목: 변수 목록에서 JSON 모듈의 **event_details: title**을 선택합니다.
- 시작시간: 변수 목록에서 JSON 모듈의 **event_details: start_time**을 선택합니다.
- 종료시간: 변수 목록에서 JSON 모듈의 **event_details: end_time**을 선택합니다.
- 메일내용: 변수 목록에서 JSON 모듈의 **summary**을 선택합니다.
- 보낸메일주소: 변수 목록에서 Gmail 모듈의 **Sender: Email address**을 선택합니다.

### 4. 설정 저장 및 테스트

- 모든 설정을 마쳤다면 'OK' 버튼을 클릭하여 모듈 설정을 저장합니다.
- 시나리오를 **'Run once'**로 실행하여 테스트합니다.
- 실행 후 데이터 스토어 모듈의 실행 결과를 확인하고, 왼쪽 메뉴의

'Data stores' 탭으로 이동하여 데이터가 의도한 대로 정확하게 저장되었는지 확인합니다.

이제 우리의 AI 비서는 단순히 이메일을 분석하는 것을 넘어, 모든 처리 과정을 꼼꼼하게 기록하여 언제든 다시 확인할 수 있는 강력한 '기록 관리' 능력까지 갖추게 되었습니다.

다음 챕터에서는 드디어 이 모든 정보를 바탕으로, 이메일의 종류에 따라 각기 다른 행동을 하도록 경로를 나누는 '라우터(Router)'를 설정하는 방법을 배우게 될 것입니다.

Chapter 8

# [5단계] 최종 작업 준비: 라우터와 데이터 가공

지금까지 우리는 이메일을 감지하고, AI로 분석하여, 그 결과를 데이터 스토어에 기록하는 탄탄한 기반을 다졌습니다. 이제 드디어 이 정보를 바탕으로 실제 행동에 나설 시간입니다. 이번 챕터에서는 시나리오의 '교통경찰' 역할을 하는 **라우터(Router)**를 설정하여 이메일의 종류에 따라 각기 다른 경로로 작업을 분기하고, 각 경로에서 최종적으로 필요한 데이터를 완벽하게 가공하는 방법을 배웁니다.

## 1. 라우터 설정: 작업의 갈림길 만들기

① Make 시나리오의 데이터 스토어 모듈을 마우스 오른쪽 버튼으로 클릭하고, **'Add a router'**를 선택하여 라우터를 추가합니다.

② 우리는 크게 '일정', '할일', 그리고 '그 외' 세 가지 경로를 만들

것입니다.

- 첫 번째 경로 (일정): 라우터에서 새 경로를 연결하고, 경로 중간의 렌치 아이콘을 클릭하여 필터를 설정합니다.
  - Label: 분류: 일정
  - Condition: [JSON 모듈의 classification] Equal to 일정
- 두 번째 경로 (할일): 또 다른 경로를 연결하고 필터를 설정합니다.
  - Label: 분류: 할일
  - Condition: [JSON 모듈의 classification] Equal to 할일
- 세 번째 경로 (그 외): 마지막 경로를 연결하고, 필터 설정에서 'The fallback route' 체크박스를 활성화합니다. 이 경로는 '일정'도 '할일'도 아닌 모든 데이터가 지나가게 됩니다

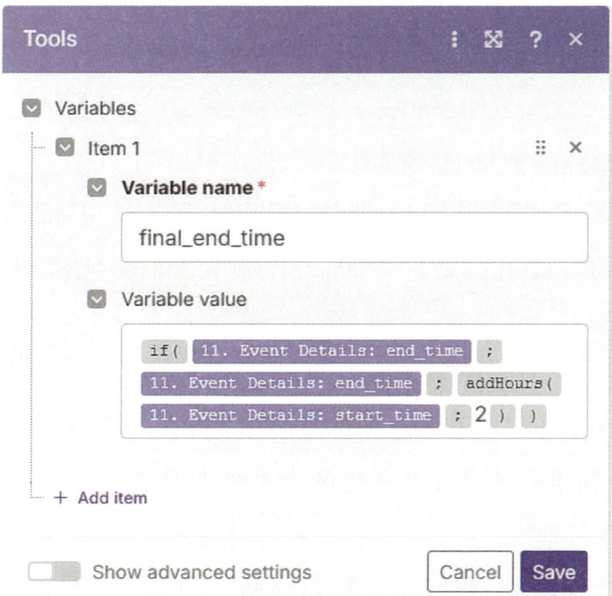

## 2. 경로별 데이터 최종 가공 및 처리

이제 각 경로에서 최종 행동을 하거나, 행동에 필요한 데이터를 완벽하게 만드는 작업을 진행합니다.

### '일정' 경로 데이터 가공

'일정'은 종료 시간이 비어있을 경우 문제가 될 수 있습니다. 따라서 종료 시간이 없다면, 시작 시간으로부터 2시간 뒤로 자동으로 설정해주는 장치가 필요합니다.

① '일정' 경로 필터 다음에 'Tools' 모듈을 추가하고, **'Set variable'**을 선택합니다.

② Variables 설정을 추가합니다.

- Variable name: final_end_time (최종 종료 시간)
- Variable value: 아래와 같이 if 함수를 사용합니다.
  - if([JSON 모듈의 end_time] ; [JSON 모듈의 end_time] ; addHours([JSON 모듈의 start_time] ; 2))
  - 해석: 만약 end_time에 값이 있다면, 그 값을 그대로 사용하고, 값이 없다면 start_time에 2시간을 더한 값을 사용하라.

### '할일' 경로 데이터 가공

'할일'은 제목과 명확한 시작/종료 시간이 중요합니다. AI가 이 값들을 제대로 추출하지 못했을 경우를 대비해 기본값을 설정해 줍니다.

① '할일' 경로 필터 다음에 'Data store' 모듈을 추가하고 **'Update

a record'**를 선택합니다.

② Key에는 이전에 저장했던 **데이터 스토어의 Key**를 연결하여, 방금 저장한 기록을 수정하겠다고 알려줍니다.

③ 아래와 같이 비어있을 수 있는 항목들을 함수를 이용해 채워줍니다.

- 제목:
  - ifempty(trim([JSON 모듈의 title]) ; substring(trim([JSON 모듈의 summary]) ; 1 ; 10))
  - 해석: 만약 title이 비어있다면, summary의 첫 10글자를 잘라서 제목으로 사용하라.
- 시작시간:
  - formatDate(now ; "YYYY-MM-DD 00:00:00")
  - 해석: start_time이 비어있을 경우를 대비해, 오늘 날짜의 0시 0분 0초를 기본값으로 설정합니다.
- 종료시간:
  - setSecond( setMinute( setHour( addDays( now ; 1) ; 18) ; 0) ; 0)
  - 해석: end_time이 비어있을 경우를 대비해, 내일 날짜의 오후 6시(18시) 정각을 기본 마감 시간으로 설정합니다.

### '그 외' 경로 처리 (알림 및 데이터 삭제)

'할일'이나 '일정'이 아닌 메일(광고, 개인 메일 등)은 중요도가 낮으므로, 간단히 알림만 주고 데이터베이스에서는 삭제하여 깔끔하게 관리합니다.

① 단순 알림 보내기: '그 외' 경로(폴백 경로)에 'Telegram Bot' 모듈을 추가하고 **'Send a Text Message or a Reply'**를 선택합니다.

- Text: 분류: [JSON 모듈의 classification]\n발신: [Gmail 모듈의 Sender name]\n제목: [Gmail 모듈의 Subject]\n\n중요도가 낮아 별도 처리 없이 기록만 삭제합니다. 와 같이 간단한 메시지를 작성합니다.

② 데이터 삭제하기: 텔레그램 모듈 다음에 'Data store' 모듈을 추가하고 **'Delete a record'**를 선택합니다.

- Key: 이전에 저장했던 **데이터 스토어의 Key**를 연결합니다.
- 이렇게 하면, '할일'이나 '일정'이 아닌 메일에 대한 기록은 데이터 스토어에 쌓이지 않고 바로 삭제됩니다.

이제 우리의 AI 비서는 어떤 종류의 이메일이 들어와도, 최종 행동에 필요한 모든 데이터를 완벽하게 준비하는 스마트한 '사전 준비' 능력까지 갖추게 되었습니다.

다음 챕터에서는 드디어 이 완벽하게 가공된 데이터를 바탕으로, 사용자에게 텔레그램 봇을 통해 알림을 보내는 최종 단계를 진행하게 될 것입니다.

Special Tip

## AI 비서의 목소리, 텔레그램 봇 준비하기

### ❖ 시작하기 전에!

AI 비서의 알림을 받으려면 **'텔레그램 봇'**을 미리 만들어 Make.com과 연결해야 합니다. 이 가이드를 따라 한 번만 설정해두면, 앞으로 모든 자동화 프로젝트에서 나만의 알림 채널로 활용할 수 있습니다.

Telegram Bot

### 1단계: 나만의 텔레그램 봇 만들기 (BotFather)

텔레그램의 BotFather를 이용하면 누구나 쉽게 봇을 만들 수 있습니다.

① 텔레그램 검색창에 **@BotFather**를 검색하여 대화를 시작합니다. (공식 봇 확인)

② /newbot 명령어를 입력하여 새 봇 만들기를 시작합니다.

③ 봇의 **이름(Name)**을 정합니다. (예: 나의 AI 비서)

④ 봇의 **사용자 이름(Username)**을 정합니다. 반드시 **_bot**으로 끝나야 합니다. (예: My_AI_Assistant_bot)

⑤ 성공 메시지와 함께 나타나는 **API 토큰(Token)**을 안전한 곳에 복사해 두세요.

### 2단계: 메시지 받을 주소(Chat ID) 확인하기

이제 봇이 메시지를 보낼 주소, 즉 **'Chat ID'**를 알아낼 차례입니다.

① 텔레그램 검색창에서 **@userinfobot**을 검색하여 대화를 시작합니다.

② /start 명령어를 입력하면, 봇이 당신의 Chat ID를 바로 알려줍니다. 이 숫자 ID를 복사해 두세요.

## 3단계: Make.com에 텔레그램 봇 연결하기

이제 얻은 '봇 토큰'과 'Chat ID'로 Make.com 연결을 완료합니다.

① Make.com 시나리오에 'Telegram Bot' 모듈을 추가하고 'Send a Text Message' 액션을 선택합니다.

② 'Connection' 설정에서 'Add' 버튼을 클릭합니다.

③ 'Bot Token' 입력란에 BotFather에게 받은 API 토큰을 붙여넣고 저장합니다.

④ 모듈의 'Chat ID' 입력란에 @userinfobot으로 확인한 당신의 Chat ID를 입력합니다.

⑤ **'Text'**란에 '연결 테스트'라고 적고 시나리오를 실행하여 메시지가 잘 오는지 확인합니다.

### ❖ 준비 완료!

이제 AI 비서가 당신과 대화할 준비를 마쳤습니다. 본문으로 돌아가 다음 챕터를 진행해 주세요.

Chapter 9

# [6단계] 최종 행동: 텔레그램으로 결과 알림 받기

드디어 마지막 단계입니다! 우리는 이메일을 감지하고, AI로 분석하고, 데이터를 저장하고, 경로를 나누고, 필요한 정보를 완벽하게 가공하는 모든 준비를 마쳤습니다. 이제 남은 것은 이 모든 결과를 우리 눈으로 직접 확인하는 일뿐입니다.

이번 챕터에서는 라우터의 각 경로 끝에 텔레그램 봇을 연결하여, 이메일의 종류에 따라 각기 다른 형태의 메시지를 받아보는 방법을 배웁니다. 간단한 알림부터, 사용자의 선택을 유도하는 똑똑한 메시지까지, 우리의 AI 비서가 드디어 우리에게 말을 걸기 시작할 것입니다.

## 1. '일반 메일' 경로: 간단 알림 후 기록 삭제

'할일'이나 '일정'이 아닌 메일은 간단히 알림만 받고 데이터베이스에서는 삭제하여 깔끔하게 관리합니다.

① 단순 알림 보내기: 라우터의 '그 외' 경로(폴백 경로)에 'Telegram Bot' 모듈을 추가하고 **'Send a Text Message or a Reply'**를 선택합니다.

- Connection: 이전에 설정한 나의 텔레그램 봇을 선택합니다.
- Chat ID: 메시지를 받을 나의 Chat ID를 입력합니다.

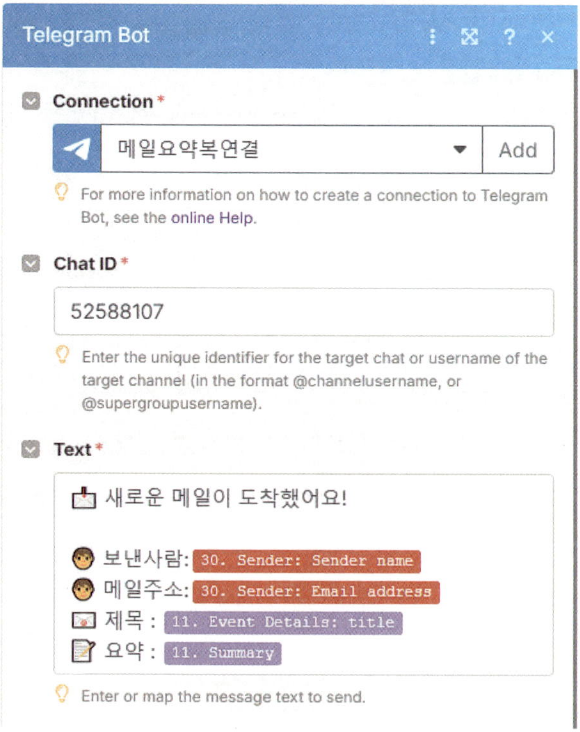

Text: 아래와 같이 메시지를 작성하고, 각 항목에 맞는 변수를 연결해 주세요.

새로운 메일이 도착했어요!

- 보낸사람: {{30.Sender: Sender name}}
- 메일주소: {{30.Sender: Email address}}
- 제목: {{11.Event Details: title}}
- 요약: {{11.Summary}}

② 데이터 삭제하기: 텔레그램 모듈 다음에 'Data store' 모듈을 추가하고 **'Delete a record'**를 선택합니다.

- Key: 데이터 스토어(Add/replace a record) 모듈에서 생성된 **Key**를 연결합니다.

## 2. '할일' 및 '일정' 경로: 버튼으로 다음 행동 묻기

'할일'과 '일정'은 다음 행동(캘린더 등록 등)으로 이어질 수 있으므로, 사용자에게 "이 할일을 등록할까요?" 라고 물어보는 버튼이 포함된 메시지를 보냅니다.

① 스마트 알림 보내기 (API 호출): '할일' 또는 '일정' 경로의 데이터 가공 모듈 다음에 'Telegram Bot' 모듈을 추가하고, **'Make an API Call'**을 선택합니다.

② API 호출 설정하기:

- Connection: 나의 텔레그램 봇을 선택합니다.
- URL Method: sendMessage

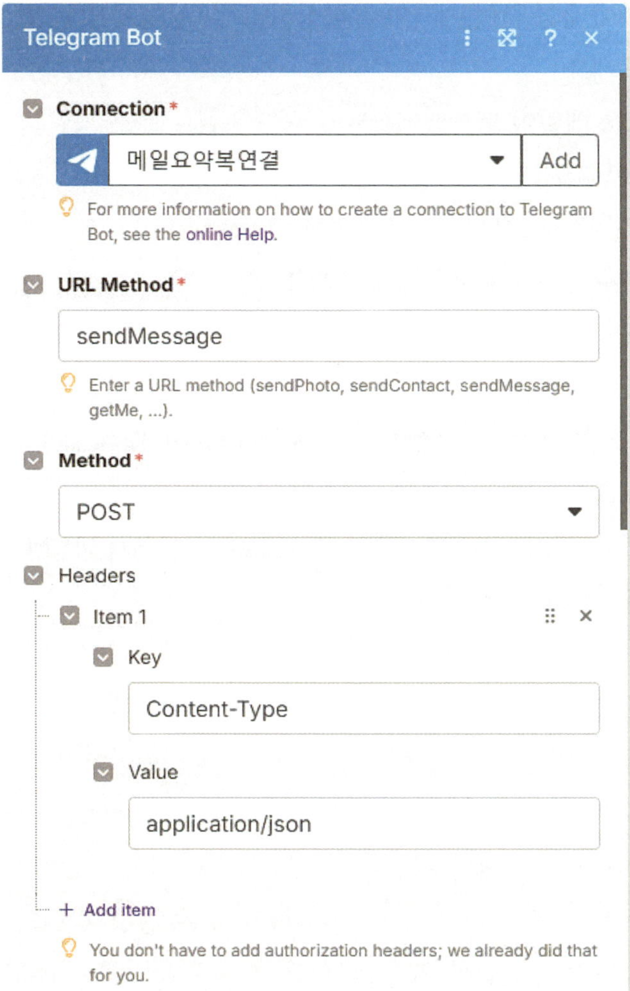


- Method: POST
- Headers: Item 1을 추가하고, Key에는 Content-Type, Value에는 application/json을 입력합니다.

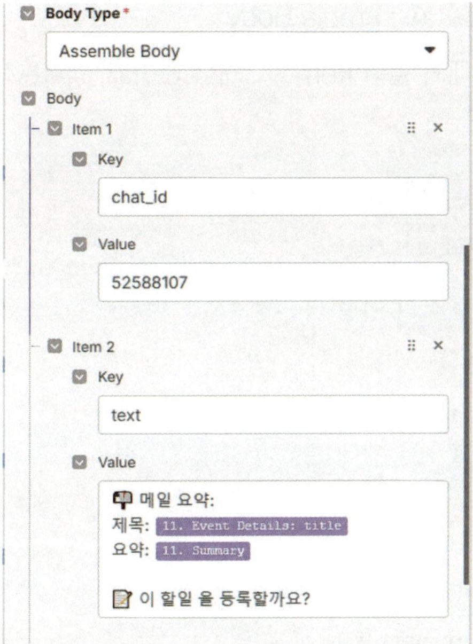
Body Type *
Assemble Body
Body
Item 1
Key
chat_id
Value
52588107
Item 2
Key
text
Value
메일 요약:
제목: 11. Event Details: title
요약: 11. Summary
이 할일 을 등록할까요?

Item 3
Key
reply_markup
Value
{
"inline_keyboard": [
[
{
"text": "✅ 네",
"callback_data": "register_
22. Key "
},
{
"text": "❌ 아니요",
"callback_data": "cancel_
22. Key "
}
]
]
}

- Body Type: Assemble Body
- Body: 아래와 같이 Item을 3개 추가하고, 각 Key와 Value를 설정합니다.
  - Item 1 (받는 사람):
  - Key: chat_id
  - Value: 당신의 Chat ID (예: 52588107)
- Item 2 (메시지 내용):
  - Key: text

Value:

메일 요약:

제목: {{11.Event Details: title}}

요약: {{11.Summary}}

이 할일을 등록할까요?

- Item 3 (버튼 만들기):
  - Key: reply_markup

Value: 아래 코드를 복사하여 붙여넣고, {{22.Key}} 부분에 데이터 스토어의 Key 변수를 연결합니다.

```
JSON
{
 "inline_keyboard": [
   [
    {
    "text": "∨ 네",
     "callback_data": "register_{{22.Key}}"
    },
    {
    "text": "X 아니요",
     "callback_data": "cancel_{{22.Key}}"
    }
   ]
  ]
}
```

- 핵심 설명:
  - callback_data: 사용자가 버튼을 눌렀을 때, 어떤 행동('등록' 또는 '취소')을 원하는지, 그리고 어떤 작업(Key)에 대한 행동인지 구분하기 위한 '비밀 코드'입니다. 이 코드는 다음 시나리오에서 사용됩니다.

# Part 3. 실전

# AI 비서와 소통하기 (시나리오 2: 사용자 응답 처리)

Chapter 10

# AI 비서의 귀: 사용자 응답 감지 및 처리

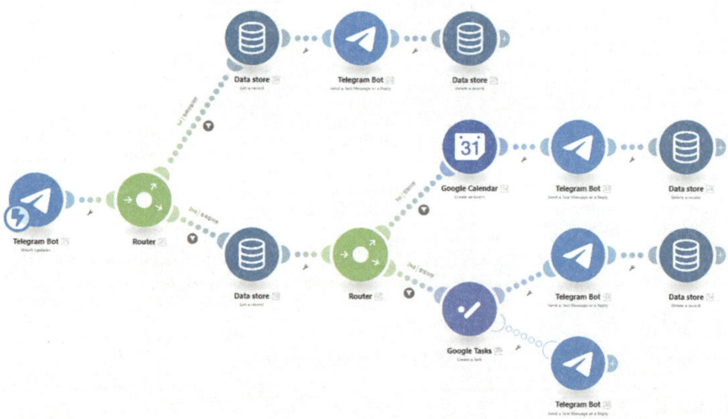


축하합니다! 당신은 이메일을 자동으로 분류하고 알림을 보내는 첫 번째 시나리오를 완벽하게 완성했습니다. 하지만 진정한 비서라면, 우리의 '응답'을 듣고 다음 행동을 할 수 있어야 합니다.

Part 3에서는 텔레그램 알림에 포함된 "∨네" 또는 "X 아니요"

버튼을 사용자가 눌렀을 때, 그 신호를 받아 새로운 작업을 시작하는 두 번째 시나리오를 구축할 것입니다. 이제 당신의 비서는 당신과 '소통'을 시작하게 됩니다.

## 새로운 시나리오를 시작합니다!

이 챕터부터는 기존 시나리오를 수정하는 것이 아니라, Make.com 대시보드에서 **'Create a new scenario'**를 눌러 완전히 새로운 시나리오를 만들어야 합니다.

### 1. [1단계] 방아쇠: 사용자의 버튼 클릭 감지하기

두 번째 시나리오의 '방아쇠'는 이메일이 아니라, 사용자가 텔레그램 봇의 버튼을 누르는 행동입니다.

① 새 시나리오의 첫 번째 모듈로 **'Telegram Bot'**을 추가하고, 트리거(Trigger) 중에서 **'Watch Updates'**를 선택합니다.

② Connection에서 이전에 연결했던 나의 텔레그램 봇을 선택하면 설정이 완료됩니다. 이 모듈은 이제부터 내 봇에게 일어나는 모든 일(메시지 수신, 버튼 클릭 등)을 감지합니다.

### 2. [2단계] 갈림길 #1: 등록할까, 취소할까?

사용자가 어떤 버튼을 눌렀는지에 따라 행동이 달라져야 합니다. 첫 번째 라우터는 '등록'과 '취소'를 구분하는 역할을 합니다.

① 텔레그램 모듈 뒤에 **라우터(Router)**를 추가합니다.

② 첫 번째 경로 (등록):

- 필터 이름: 등록 요청
- 조건: [Telegram Bot 모듈의 Callback Query: Data] Text operators: Starts with register_
- 해석: 사용자가 누른 버튼의 callback_data가 register_로 시작하면 이 경로로 데이터를 보냅니다.

③ 두 번째 경로 (취소):

- 필터 이름: 취소 요청
- 조건: [Telegram Bot 모듈의 Callback Query: Data] Text operators: Starts with cancel_

### 3. '취소' 경로: 간단 알림 후 기록 삭제

사용자가 '아니요'를 선택한 경우, 해당 업무는 등록하지 않고 데이터 스토어에서만 삭제합니다.

① 데이터 가져오기: '취소' 경로에 'Data store' 모듈을 추가하고 **'Get a record'**를 선택합니다.

- Key: callback_data에서 cancel_ 부분을 잘라낸 순수 Key 값이 필요합니다. substring 함수를 사용합니다.
  - substring( [Callback Query: Data] ; 7 )

② 취소 알림 보내기: 다음에 'Telegram Bot' 모듈(Send a Text Message)을 추가합니다.

- Text: 요청이 취소되었습니다.\n제목: {{1.제목}} (데이터 스토어에서 가져온 제목)

③ 데이터 삭제하기: 마지막으로 'Data store' 모듈(Delete a record)을 추가하고, Key에 substring 함수로 추출한 값을 다시 한번 연결하여 기록을 삭제합니다.

## 4. '등록' 경로: 상세 작업 분류 및 실행

사용자가 '네'를 선택한 경우, 이제 이메일이 '일정'이었는지 '할일'이었는지에 따라 최종 행동을 결정합니다.

① 데이터 가져오기: '등록' 경로에도 마찬가지로 'Data store' 모듈(Get a record)을 추가하여 substring 함수로 Key를 추출하고 해당 기록의 모든 정보를 가져옵니다.

② 갈림길 #2 (일정 vs 할일): 데이터 스토어 모듈 뒤에 두 번째 라우터를 추가합니다.

- 첫 번째 경로 (일정):
  - 필터 이름: 일정 등록
  - 조건: [데이터 스토어 모듈의 분류] Equal to 일정
- 두 번째 경로 (할일):
  - 필터 이름: 할일 등록
  - 조건: [데이터 스토어 모듈의 분류] Equal to 할일

③ '일정' 최종 처리:

- 'Google Calendar' 모듈(Create an Event)을 추가하고, 데이터 스토어에서 가져온 제목, 시작시간, 종료시간 등의 정보를 각 항목에 맞게 연결합니다.
- 다음에 'Telegram Bot' 모듈을 추가하여 "[캘린더 등록 완료] 제

목: {{제목}}" 과 같이 성공 메시지를 보냅니다.

- 마지막으로 'Data store' 모듈(Delete a record)로 기록을 삭제합니다.

④ '할일' 최종 처리 (에러 핸들링 포함):

- 'Google Tasks' 모듈(Create a Task)을 추가하고, 제목, 마감일(종료 시간) 등의 정보를 연결합니다.
- 에러 처리기 추가: Google Tasks 모듈을 마우스 오른쪽 버튼으로 클릭하고 **'Add error handler'**를 선택합니다. 그리고 'Telegram Bot' 모듈을 에러 경로에 연결합니다.
  - 에러 알림: 이 텔레그램 모듈의 Text에 "[오류 발생] Google Tasks에 할일을 등록하는 중 에러가 발생했습니다." 와 같이 작성합니다. 이렇게 하면 태스크 등록에 실패했을 때만 이 메시지를 받게 됩니다.
- 정상 처리: Google Tasks 모듈의 정상 경로에 'Telegram Bot' 모듈을 추가하여 "[할일 등록 완료] 제목: {{제목}}" 과 같이 성공 메시지를 보냅니다.
- 마지막으로 성공 메시지 뒤에 'Data store' 모듈(Delete a record)을 연결하여 기록을 삭제합니다.

이제 당신의 AI 비서는 이메일을 분류하고 알림을 보내는 것을 넘어, 당신의 응답을 듣고 실제 업무(캘린더, 할일 등록)를 수행하며, 심지어 문제가 발생했을 때 보고까지 하는 완벽한 양방향 소통 시스템을 갖추게 되었습니다.

Chapter 11

# 더 똑똑하고 쓸모있는 비서로 키우기 (응용편)

축하합니다! 당신은 두 개의 시나리오를 완성하며, 자신만의 AI 이메일 비서를 성공적으로 구축했습니다. 이제 당신은 자동화의 핵심 원리를 모두 이해했으며, 이를 응용하여 당신의 비서를 더욱 강력하게 만들 수 있는 힘을 갖게 되었습니다.

이 챕터는 상세한 가이드가 아닙니다. 대신, 당신이 배운 기술을 어떻게 확장하여 더 다양하고 복잡한 문제들을 해결할 수 있는지에 대한 **'영감'과 '아이디어'**를 제공하기 위해 준비되었습니다.

## 아이디어 1:<br>회의/일정 메일, 구글 캘린더에 자동으로 등록하기

지금까지 우리는 '일정'으로 분류된 메일을 텔레그램으로 알림만 받았습니다. 하지만 여기서 한 단계 더 나아가, 사용자가 텔레그램에서 "∨ 네" 버튼을 누르면 Google Calendar에 자동으로 일정을 등록하게 만들 수 있습니다.

- 어떻게 할까?
  - 두 번째 시나리오의 '일정 등록' 경로를 기억하시나요? 그 경로의 마지막, 데이터 스토어를 삭제하기 전에 'Google Calendar' 모듈을 추가하고 'Create an Event' 액션을 선택합니다.
  - 데이터 스토어에서 가져온 제목, 시작시간, 종료시간 등의 정보를 캘린더 모듈의 각 항목에 연결해주기만 하면 됩니다.
  - 이제 당신의 비서는 일정 알림뿐만 아니라, 등록까지 완벽하게 처리하는 진정한 비서가 됩니다.

### 아이디어 2: 고객 문의/주문 메일, Notion이나 Trello에 자동으로 정리하기

만약 당신이 쇼핑몰을 운영하거나 고객 지원 업무를 한다면, 매일 쏟아지는 문의나 주문 메일을 정리하는 것만으로도 큰일입니다. 이 작업 역시 AI 비서에게 맡길 수 있습니다.

- 어떻게 할까?
  - 1단계 (분류 기준 추가): 첫 번째 시나리오의 Gemini 프롬프트에 고객 문의, 신규주문과 같은 새로운 classification 기준을 추가합니다.
  - 2단계 (경로 추가): 라우터에 새로운 경로를 만들고, 해당 분류일 때만 작동하도록 필터를 설정합니다.
  - 3단계 (업무 툴 연결): 새로 만든 경로에 'Notion' 또는 'Trello' 모듈을 연결합니다. 그리고 이메일에서 추출한 보낸사람, 메일내용 등

의 정보를 Notion 데이터베이스의 새 페이지나 Trello의 새 카드를 만드는 데 사용합니다.

- 이제 모든 고객 문의와 주문 내역이 당신의 업무 관리 툴에 자동으로 차곡차곡 쌓이게 됩니다.

## 아이디어 3:
## 답장이 필요한 메일, AI에게 답장 초안 부탁하기

매번 비슷한 내용의 답변을 작성하는 것도 은근한 스트레스입니다. 이럴 땐 Gemini에게 답장 초안을 작성해달라고 요청할 수 있습니다.

- 어떻게 할까?
  - Gemini 프롬프트에 '답장 필요'라는 분류 기준을 추가하고, 라우터에 해당 경로를 만듭니다.
  - 그 경로에 또 다른 Gemini 모듈을 연결합니다.
  - 이번에는 프롬프트를 다르게 작성해야 합니다. 예를 들면 다음과 같습니다.

    "너는 친절하고 프로페셔널한 비즈니스 어시스턴트야. 아래 이메일 내용에 대해 긍정적인 톤으로 답장 초안을 작성해줘. 마지막에 '담당자가 확인 후 다시 연락드리겠습니다.'라는 문구를 꼭 포함해줘."
  - 이렇게 생성된 답장 초안을 텔레그램으로 받아보고, 복사해서 바로 사용하거나 약간만 수정하여 답장 시간을 획기적으로 줄일 수

있습니다.

이 외에도 가능성은 무한 합니다. 당신의 일상과 업무 속에서 “아, 이 작업도 매번 반복되네?” 라고 느껴지는 모든 것이 자동화의 대상이 될 수 있습니다. 이제 당신은 그 방법을 알고 있습니다.

이제 당신의 차례입니다. 당신만의 자동화 아이디어를 마음껏 펼쳐보세요!

부록

# 상황별 맞춤 Gemini 프롬프트

이 부록은 당신의 AI 비서를 특정 목적에 맞게 더욱 강력하게 만들어 줄 수 있는 Gemini 프롬프트 예시 모음입니다. 아래 프롬프트를 복사하여 Make.com의 Gemini 모듈에 붙여넣고, 당신의 필요에 맞게 수정하여 사용해 보세요.

## 1. 기본 이메일 분류 (책 본문 프롬프트)

이 프롬프트는 책에서 사용된 핵심 프롬프트로, 대부분의 일반적인 이메일을 효과적으로 분류하고 정리하는 데 사용됩니다.

> 당신은 주어진 이메일 정보를 분석하여 내용을 분류 및 요약하고, 그 결과를 반드시 순수한 JSON 형식으로만 응답하는 AI 에이전트입니다.
>
> (이하 프롬프트 내용은 이전과 동일….)

# 출력 JSON 구조


```
{
  "classification": "할일",
  "summary": "이메일 핵심 내용 한 문장 요약",
  "has_event": false,
  "event_details": {
    "title": null,
    "start_time": null,
    "end_time": null
  }
}
```


## 2. 고객 문의 처리 전문 프롬프트

고객 서비스(CS) 업무에 특화된 프롬프트입니다. 문의 유형을 더 세분화하고, 고객의 감정을 분석하여 우선순위를 정하는 데 도움을 줍니다.

> 너는 고객 지원 이메일을 분석하는 CS 전문가야. 아래 이메일 정보를 바탕으로, 반드시 JSON 형식으로만 답변해줘.
> (이하 프롬프트 내용은 이전과 동일...)

# 출력 JSON 구조

```
{
  "inquiry_type": "제품문의",
  "sentiment": "부정",
  "priority": "높음",
  "summary": "제품 사용 중 특정 기능이 작동하지 않는다는 내용.",
  "customer_name": "김고객"
}
```

## 3. 뉴스레터 및 아티클 요약 프롬프트

정보 수집을 위해 구독하는 뉴스레터나 아티클의 핵심만 빠르게 파악하고 싶을 때 유용한 프롬프트입니다.

> 너는 긴 글의 핵심을 파악하고 정리하는 전문 에디터야. 아래 본문 내용을 바탕으로, 반드시 JSON 형식으로만 답변해줘.
> (이하 프롬프트 내용은 이전과 동일...)

### # 출력 JSON 구조

```
{
  "topic": "인공지능",
  "key_takeaways": [
  "최신 AI 모델은 인간과 유사한 수준의 작문 능력을 보여줌.",
  "AI 기술 도입으로 인해 자동화 가능한 업무 범위가 확대됨.",
  "데이터 프라이버시가 AI 시대의 중요한 윤리적 과제로 떠오름."
  ],
  "summary_short": "최신 AI 기술 동향과 사회적 영향에 대한 분석
  아티클.",
  "source": "Tech World News"
}
```

## 4. 답장 초안 자동 작성 프롬프트

단순 문의나 요청에 대한 답장 초안을 AI가 작성하게 하여, 이메일 회신 시간을 획기적으로 줄일 수 있습니다.

> 너는 친절하고 프로페셔널한 비즈니스 어시스턴트야. 아래 이메일 내용을 참고하여, 요청에 대한 긍정적인 답변 초안을 작성하고, 그 결과를 반드시 JSON 형식으로만 답변해줘.
> (이하 프롬프트 내용은 이전과 동일...)

# 출력 JSON 구조

{
"recipient_name": "박문의",
"draft_subject": "Re: 서비스 제휴 관련 문의",
"draft_body": "박문의님, 안녕하세요.\n\n서비스 제휴 관련 문의 주셔서 감사합니다.\n\n요청하신 내용은 담당자가 확인 후 다시 연락드리겠습니다.\n\n감사합니다."
}

더 현명한 AI

<더 현명한 AI 시리즈>는 AI를 '빠르고 효율적인 기계'가 아니라 '삶을 더 깊이 이해하고, 선택을 돕는 파트너'로 바라보며 AI를 통해 '더 빠르게'가 아니라 '더 나은 방향으로' 나아가는 길을 안내합니다. 단순히 기술을 배우는 데서 멈추지 않고, AI 시대를 살아가는 태도와 지혜를 함께 나누며 성장하도록 돕겠습니다.

**AI로 나만의 비서 만들기**

Gmail, Gemini, 텔레그램을 활용한
업무 자동화

신영근 지음

**AI로 쉽게 자기역사 쓰기**

나의 60대
첫 글쓰기 프로젝트

진순희 지음


경기도 고양시 덕양구 청초로 66, 덕은리버워크 B동 1403호